KB143641

한 권으로 시작하는
소프트웨어

한 권으로 시작하는
소프트웨어

모두를 위한 소프트웨어 입문서

소프트웨어, 코딩,
미래 변화까지
기초부터
차근히 알아보는
소프트웨어 교과서

한옥영 지음

사람의무늬

들어가는 말

온 세상이 소프트웨어 교육에 엄청난 관심을 쏟고 있다. 우리나라도 예외는 아니다. 하지만 무엇을 어떻게 해야 하는지 아무도 답을 알려주지 않는다. 다가올 미래는 4차 산업혁명의 시대이다, 소프트웨어 중심 사회다, 모두가 하나같이 세상이 변한다고 말하는데, 도대체 이 변화에 적응하기 위해 무엇부터 준비해야 하는지 혼란스럽고 그저 답답할 뿐이다. 이 답답함은 급기야 '나만 변화를 제대로 준비하지 못하고, 잘 모르고 있나?'라는 두려움으로까지 커지고 있다.

세상은 예나 지금이나 아는 만큼 보인다. 앞으로 다가올 세상을 준비해야 하는 청소년들에게 관련 분야의 최전선에서 학생들을 지도하는 교육자로서, 많은 것을 보여주고 가르쳐주고 싶은 마음에 이

책을 준비했다. 누구보다 이 책이 필요하고, 또 기다릴 사람들을 위해 급하게 준비했지만, 누구보다 조심스럽게 한 단계씩 차근히 다가가고자 노력했다. 이 책은 청소년뿐만 아니라 세상이 주목하는 소프트웨어가 무엇인지 간절히 알고는 싶지만, 아직도 먼 이야기로만 느끼는 사람들 모두를 위한 것이다. 이 책을 통해 세상을 변화시키는 소프트웨어가 무엇인지 이해하는 데 작은 보탬을 줄 수 있도록 내용을 구성했다.

가장 먼저 소프트웨어 교육이 학교 교육과정의 필수로 지정되었다고 하여, 성급하게 자녀들에게 사교육을 통한 코딩 학습을 강요하려는 학부모들에게 진심 어린 충고를 하고 싶다. 코딩을 익히는 것이 중요한 것이 아니라 코딩을 할 수 있는 사고력과 코딩이 가져오는 결과를 이해하는 것이 훨씬 중요하다.

코딩을 잘 하기 위해서는 논리력과 사고력, 문제 해결 능력이 모두 필요하다. 우리는 이것을 '컴퓨팅 사고력'이라 하며, 읽고 (Reading) · 쓰고(wRiting) · 계산(aRithmetic)하는 세 가지의 기본 능력 (3R)과 더불어 21세기가 요구하는 필수 능력에 컴퓨팅 사고력을 포함시키고 있다. 세상이 요구하는 인재는 사고력을 가진 문제해결자이지, 단순히 코딩 몇 줄을 더 잘하는 사람이 아니라는 것을 꼭 깨달았으면 좋겠다.

이 책은 특히 청소년들과 전공자가 아닌 학부모들이 어렵지 않고 흥미롭게 읽을 수 있도록 전문적인 지식을 깊이 다루고 있지는 않다. 가벼운 마음으로 소프트웨어로 인해 변화하는 세상에 대한 상식을 알고자 한다면, 이 책을 적극적으로 추천한다. 변화하는 세상을 이해하기 힘들다고 세상으로부터 자신을 단절시키지 말고, 이 책을 통해 세상의 변화를 이해하고 세상을 이끄는 큰 파도에 모두 동참하길 바란다. 파도에 몸을 맡길 능력이 있는 사람은 파도가 이끄는 목적지에 도달할 수 있으나, 파도를 거부하는 사람은 가라앉을 수밖에 없다.

자, 이제 세상의 흐름에 동참하라! 그리하여 세상의 주인공으로 우뚝 설 수 있기를 바란다.

차례

 Ⅰ 세상에서 제일 똑똑한 컴퓨터

II 격변의 시대 한가운데 서 있는 소프트웨어

소프트웨어를 탄생시키는 코딩

IV 코딩으로 준비하는 미래 인재

Ⅰ. 세상에서 제일 똑똑한 컴퓨터

현재 전 세계가 소프트웨어에 주목하고 있다. 소프트웨어를 알아야만 미래 사회에서 살아남을 수 있다고 예측하는 추세이다. 도대체 왜 이토록 소프트웨어에 관심이 쏠리고 있는 것일까? 그 이유는 간단하다. 세상에서 제일 똑똑한 것은 '컴퓨터'라고 세상이 인정하기 시작했기 때문이다. 인간이 쉽게 계산할 수 없는 복잡한 수식의 답을 불과 1초도 채 안 되는 짧은 시간에 내놓는 컴퓨터를 보거나, 5천년 긴 역사를 가진 바둑의 승자가 인간이 아니라 컴퓨터라는 사실을 볼 때 컴퓨터가 똑똑한 것은 증명되었다. 컴퓨터의 능력이 인간의 능력보다 훨씬 뛰어나다는 것이 입증되었기에, 전 세계는 컴퓨터를 이해하도록 소프트웨어 교육에 더 많은 노력을 기울이고 있다. 그러면 컴퓨터와 소프트웨어, 이 두 가지는 어떻게 구별되는 것인지 차근차근 알아가 보기로 하자.

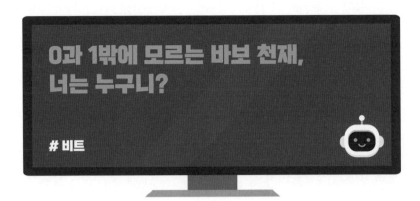

앞서 우리는 컴퓨터가 세상에서 제일 똑똑하다고 했다. 그러나 실상 컴퓨터는 기본적으로 0과 1밖에 모르는 바보다. 그것도 전원이 공급될 때만 작동되는 단순한 기계일 뿐이다. 쉽게 설명하자면, 아인슈타인이 천재라고 하여 아인슈타인 신체 자체가 똑똑한 것은 아니며, 아인슈타인이 숨을 쉬고 혈액이 흐르며 살아서 그의 두뇌가 천재적인 문제해결을 이루는 것과 같은 원리이다.

✎컴퓨터는 0과 1의 두 가지 수로만 표현하기 때문에 2진수(binary digit)라고 하며, 이를 줄여서 비트(bit)라고 한다. 즉, 한 개의 비트는 오직 2가지 상태만 나타낼 수 있다. 이러한 비트는 컴퓨터에서 데이터를 표현하는 최소 단위에 해당한다.

2진수에서 나타낼 수 있는 2가지 상태인 0과 1에서, 0은 '없다'를, 1은 '있다'를 의미한다. 2진수의 가장 오른쪽 값은 2^0으로 시작하며, 왼쪽으로 한 자리씩 커지며 2^1, 2^2……과 같이 제곱승의 값이 하나씩 증가한다. 컴퓨터에서 표현하는 2진수의 값 '101'은 오른쪽에서 3번째 자리 즉, 10진수 '4'에 해당하는 자리의 비트 값은 1이므로 '있다'에 해당하고, 오른쪽에서 2번째 자리 2는 '없다'에 해당하며, 가장 오른쪽 자리 1은 '있다'에 해당하므로 4+1의 결과 5의 값에 대한 2진수 표기법이다.

2^2	2^1	2^0		
1	0	1	……………………	컴퓨터의 수(2진수)
4	2	1	……………………	인간의 수(10진수)
있다	없다	있다		4 + 0 + 1=5

컴퓨터에서 사용되는 최소 단위는 비트에 해당하지만, 일반적으로 컴퓨터에서는 8비트로 구성되는 바이트(byte) 단위로 작업한다. ✎ 문자 표현을 위한 정보 표현의 기본 단위를 바이트로 이해하면 된다. '1바이트는 8비트'로 이루어지므로 2^8에 해당하여, 256개를 구별하여 0~255 값으로 표현한다. 영어를 표현하는 경우에는 1글자를 표현하기 위하여 1바이트를 사용해도 충분하다. 예를 들어 키보드에 'Ada'라고 입력하면, 입력된 값을 화면에 보여주기 위하여 해당 코

한 권으로 시작하는 소프트웨어

드에 맵핑되는 값을 전달받아 다시 그 값에 해당하는 문자를 화면에
보여주는 것이다. 즉, 10진수 값으로 설명하자면, 65, 100, 97을 전달
받아 화면에 Ada라고 보여주는 것이다.

10진수	2진수	알파벳
065	0100 0001	A
066	0100 0010	B
067	0100 0011	C
068	0100 0100	D
......		
097	0110 0001	a
098	0110 0010	b
099	0110 0011	c
100	0110 0100	d

한글은 256개만으로 모든 글자를 구별하여 표현할 수 없기 때
문에 2바이트를 사용하여 표현한다. 2바이트는 2^{16}에 해당하므로
65,536개의 표현이 가능하며 0~65,535 값을 사용한다. 다음 쪽에 나
오는 예는 한글 표현을 위한 유니코드 값이며, '가'의 경우 16개 비트
를 사용하여 표시된 것을 볼 수 있다.

여기서 다음의 표에 2진법과 함께 16진법도 표시한 이유를 잠
간 짚고 넘어가자. 2진법으로 표현하려면 16자리가 필요하므로 자

릿수가 너무 길게 요구된다. 그러나 이것을 16진법으로 적용하면 오직 4자리의 값만 필요하다. 왜 그럴까? 2진수에서 4자릿수를 모두 사용하면 1111 즉, 15에 해당하는 값이 나온다. 0~15로 구분되는 수의 체계는 16개의 수를 사용하므로 16진법에 해당한다. 16진법에서 10은 16^1에 해당하므로 10진법의 16의 값을 뜻한다. 그러면 10진법의 10은 16진법에서는 어떻게 표현되는 것일까?

10진법에서는 16개의 값을 서로 다른 값으로 표현해야 하므로, 0~9에 해당하는 값은 그대로 사용하고, 10에 해당하는 값은 A로 표시하고, 11은 B, 12는 C, 13은 D, 14는 E, 마지막으로 15는 F로 표시

한글	16진법	2진법
가	AC00	1010 1100 0000 0000
각	AC01	1010 1100 0000 0001
갂	AC02	1010 1100 0000 0010
갃	AC03	1010 1100 0000 0011
간	AC04	1010 1100 0000 0100
......	......	
힠	D7A0	1101 1111 1010 0000
힡	D7A1	1101 1111 1010 0001
힢	D7A2	1101 1111 1010 0010
힣	D7A3	1101 1111 1010 0011

한다. 2진법에 10진법으로 전환 값, 거기다 16진법까지 슬슬 머리가 아파올 것이다. 그러나 사용자는 이러한 코드 값을 전혀 알 필요가 없으며, 컴퓨터에서 내부적으로 이러한 코드 전환을 통하여 처리가 이루어지는 것을 이해하는 수준이면 충분하다. 사용자가 안심할 수 있는 부분은 아무리 복잡한 문자라도 비트를 확장하여 코드 체계를 표현한다면 컴퓨터가 표현 못할 문자는 절대 없다는 것이다.

컴퓨터와 관련하여 32비트 또는 64비트라는 용어를 흔히 사용한다. 이것은 컴퓨터에서 단어 형성을 32비트 또는 64비트로 구성하여 처리하는 것을 뜻한다. 32비트인 경우는 8×4에 해당하는 값으로 1바이트(8비트)를 4개씩 묶어서 하나의 단위로 처리하는 컴퓨터에 해당한다. 64비트는 8×8에 해당하므로 1바이트(8비트)를 8개씩 묶어서 하나의 단위로 처리하는 컴퓨터에 해당한다. 당연히 동시에 64비트를 처리하는 컴퓨터가 더 성능이 좋은 것임을 알 수 있다. 64비트 컴퓨터에서는 32비트 프로그램을 처리할 수 있으나, 32비트 컴퓨터에서는 64비트 컴퓨터는 처리할 수 없음을 주의해야 한다.

데이터 크기 표현 방법은 다음과 같이 정리가 가능하다. 여기서 실제 사용하는 용량을 계산할 때는 1024(2^{10})로 계산하나, 단위로 처리할 때는 편리를 위하여 1,000배씩 올리므로 차이가 발생한다. ✎ 인간도 0에서 9까지 사용하는 10진수를 사용하는데, 가장 똑똑한 컴퓨터는 오직 2개의 수로 모든 처리를 해내고 있으니 '확실한 바보

천재'라 부를 수 있을 것이다.

메모리 단위	크기	바이트	비트
킬로(Kilo) 바이트(KB)	2^{10} 바이트	1000(1,024)	1,024×8=8,192
메가(Mega) 바이트(MB)	2^{10} KB	100만 (2^{20})	8,388,608
기가(Giga) 바이트(GB)	2^{10} MB	10억 (2^{30})	8,589,934,592
테라(Tera) 바이트(TB)	2^{10} GB	1조 (2^{40})	8,796,093,022,208
페타(Peta) 바이트(PB)	2^{10} TB	1,000조 (2^{50})	9,007,199,254,740,992
엑사(Exa) 바이트(EB)	2^{10} PB	100경 (2^{60})	9.2234e+18

나는
0과 1밖에
몰라.

한 권으로 시작하는 소프트웨어

나의 가족을 소개합니다

 # 하드웨어 구조

일반적으로 컴퓨터라 부르는 것은 사실상 하드웨어와 소프트웨어가 함께 존재해야 한다. 하드웨어는 말 그대로 딱딱한 부분 즉, 만질 수 있는 부분들에 해당하며, 소프트웨어는 만질 수는 없으나 컴퓨터에서 실행되는 프로그램들을 말한다.

소프트웨어는 윈도우(windows) 시스템에 한글 프로그램과 같이 필요한 것을 시스템에 깔고 실행하기 때문에 무엇을 실행하고 있는지 정확하게 알 수 있다. 그러나 하드웨어의 경우는 구성 요소를 확실하게 파악하지 못하고 있는 경우가 많다. 컴퓨터에서 사용자가 원하는 소프트웨어를 실행하기 위해서는 하드웨어에 해당하는 입출력 장치, 중앙 처리 장치, 기억 장치 등이 함께 존재해야 한다. 함께 있

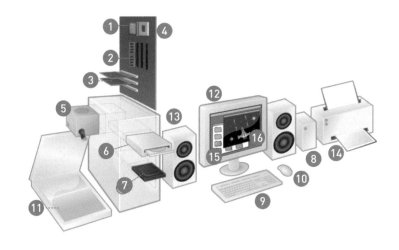

어야만 완전해질 수 있으나 있는지도 모르고 있었던 소외된 컴퓨터의 세부적 구성 요소에 대하여 한번 알아보기로 하자.

위 그림은 일반적으로 사용하는 개인용 컴퓨터를 기준으로 구성 요소를 나타낸 예이다. 사람으로 설명하자면 모든 기관이 전부 중요하지만, 그중 가장 중요한 것이 뇌라고 할 수 있을 것이다. 컴퓨터에서도 뇌에 해당하는 부분이 있다. 앞의 컴퓨터 가족 구성원 그림에서 ❶번에 해당한다. 이 부분의 이름은 **중앙 처리 장치**(CPU: Central Processing Unit)이다. CPU는 실제적으로 컴퓨터 프로그램 즉, 명령어들을 수행하며, 모든 입출력 장치 및 저장 장치에 대한 제어를 담당하고 있다. CPU를 역할별로 조금 더 자세히 분해하면, 산술

연산과 논리 연산을 수행하는 디지털 회로로 이루어진 산술·논리 연산 장치(ALU: Arithmetic and Logic Unit), 프로그램에 따라 명령과 제어 신호를 생성하는 제어 장치(CU: Control Unit), 그리고 데이터들을 처리할 때 일시적으로 저장하는 임시 기억장소(Register) 이렇게 세 개의 장치로 나누어진다. 제어 장치에 의해서 필요한 자료가 임시 기억 장소에 기록되었다가 산술·논리 연산 장치에 의하여 요구된 연산을 수행한 후 다시 임시 기억 장소를 통하여 처리 결과가 사용자가 원하는 곳으로 전송되는 과정을 거쳐서 명령어들이 처리된다.

그림에서 ❷번에 해당하는 부분은 주기억 장치(main memory)이다. 명령어 또는 프로그램과 데이터는 주기억장치에 저장이 되어 있어야 CPU에 의해 처리될 수 있으므로 실행되기 위한 일차 관문에 해당한다. 일반적으로 반도체 가운데 RAM(Random Access Memory)이 주기억 장치에 사용된다. RAM의 특징은 전원이 끊어지면 기록되었던 모든 내용이 지워진다는 점이다. 그러므로 우리는 작업을 마치고 컴퓨터를 끄기 전에 항상 작업 내용을 하드 디스크나 별도의 기억 장치에 저장해야 한다. CPU에서 직접 접근이 가능한 유일한 기억 장치에 해당하므로 컴퓨터 두뇌의 최측근이라 할 수 있다.

❸번은 확장 슬롯에 해당하며, 원하는 추가적 기능을 제공하는 카드를 슬롯에 끼워 넣어 기능을 확장할 수 있는 부분이다. 예를 들어 그래픽카드를 자신의 목적에 맞게 바꾸고 싶은 경우 확장 슬롯을

활용하면 된다. 1번에서 3번까지 컴퓨터에서 가장 중요한 부분들을 데리고 있는 ④번을 머더보드(Motherboard) 또는 메인보드(main board) 라고 한다.

컴퓨터는 전원을 공급 받아야 작동하는 기계이므로 전원 공급 장치가 없다면 그림의 떡과 같다. 컴퓨터에 생명력을 넣어주는 전원 공급 장치가 ⑤번에 해당한다. 전원을 공급 받고 두뇌가 있다 하여도, 컴퓨터의 특성상 기억 장치가 필요하다. CPU 안에 있는 임시 기억 장소는 작은 양의 데이터만 저장하면서 작업하고, 주기억 장치는 전원이 꺼지면 모두 지워지므로, 당연히 기억 장치가 있어야 한다. ⑥번은 광디스크 드라이브(Optical Disk Drive)에 해당하며, ⑦번은 하드 디스크 드라이브, ⑧번은 외장 하드 디스크에 해당한다.

8번까지의 가족 구성원이 완성된 상태이면, 저장된 자료를 처리할 준비는 마쳤다. 그러나 8번까지만 있다면 명령어를 입력하거나 새로운 자료를 입력할 방법이 없다. 그래서 입력을 담당해줄 장치가 추가적으로 필요하다. 대표적 입력장치에 해당하는 것이 키보드에 해당하는 ⑨번, 마우스에 해당하는 ⑩번, 그리고 문서를 스캔하여 입력할 수 있도록 지원하는 스캐너에 해당하는 ⑪번이다. 또한 입력 장치가 있다면 대응하는 출력 장치가 필요하다.

컴퓨터 처리 내용을 확인할 수 있도록 지원하는 기본적 출력장치에 해당하는 모니터가 ⑫번째 가족 구성원으로 있으며, 음악 등 사운드 데이터를 출력시키는 스피커가 ⑬번째, 문서 등의 출력을 지원하는 프린터가 ⑭번째 컴퓨터 가족 구성원에 해당한다.

여기까지는 하드웨어 구성 요소이다. 이 하드웨어를 사용하여 작업을 수행하는 소프트웨어에 해당하는 15번과 16번이 있다. ⑮번은 운영체제로 컴퓨터의 동작을 지원하는 것이고, ⑯번은 응용 소프트웨어로 필요한 목적에 따라 실행하는 프로그램이다. 소프트웨어에 대해서는 추후 더 자세히 알아보기로 하자.

앞에서 말한 ✎16개의 구성 요소들이 모두 잘 어우러져 맡은 바 임무를 다할 때 컴퓨터는 원활하게 임무를 완수할 수 있다.

우리 가족은
총 16명으로
구성되어 있어.

앞서 컴퓨터는 0과 1로만 표현되는 2진수를 사용한다고 했다. 즉, 문자, 정수, 실수, 이미지, 소리, 동영상 등의 모든 자료를 2진수 형식으로 표현이 가능하다.

컴퓨터에서 문자 표현하기

컴퓨터 자료 중 문자들이 컴퓨터 내부에서 표현될 때는 미리 약속된 코드 체계를 사용한다. 앞에서 보여준 것같이 영어인 경우 8비트(1바이트)를 사용하는 ASCII 코드 체계를 사용하며, 한글인 경우 16비트(2바이트) 방식인 유니코드 체계를 선택하여 사용할 수 있다. 유니코드 체계인 16비트의 경우 65,536개의 표현이 가능한데, 이것 모두

한글을 위해 사용되는 것일까? 현재 우리가 사용하는 한글은 초성 19자, 중성 21자, 종성 27자가 사용되며, 받침이 없는 경우를 포함하여 종성의 경우를 28로 적용하여 계산하면, '19×21×28=11,172'자이다.

유니코드는 한글만 사용하는 코드 체계가 아니라 세계 모든 나라 문자 코드를 사용할 수 있도록 지원하고 있으며, 한글은 AC00부터 D7AF까지의 영역을 부여받아 코드 값이 지정되어 있다. 코드표가 궁금한 경우 http://www.unicode.org에 접속하여 세계 모든 문자표에 관련한 자료를 볼 수 있다. 한글 유니코드 값은 http://www.unicode.org/charts/PDF/UAC00.pdf에 연결하여 확인할 수 있다. 하나의 문자를 표현할 수 있다면, 문자 여러 개를 연결하여 생성하는 문자열도 만들 수 있다. 아무리 긴 문자열이라도 최소 단위로 쪼개면 하나의 문자가 되는 것이고 각 문자에 약속된 코드 값이 있기 때문에, 컴퓨터는 아무 문제없이 긴 문자열, 더 나아가 긴 텍스트를 처리할 수 있는 것이다.

컴퓨터에서 정수 표현하기

그렇다면 컴퓨터에서 사용되는 정수는 어떻게 표현되는 것일까? 대부분의 컴퓨터는 정수를 32비트 사용하여 표현하며, 표현 방식은 3가지가 있다. 맨 앞에 음수인지 정수인지 알려주는 부호 비트

한 권으로 시작하는 소프트웨어

(sign bit)를 사용하는 방식과 1의 보수(1's complement) 및 2의 보수(2's complement) 방식으로 나타낼 수 있다. 3가지의 다른 표현 방식은 음수의 경우에 해당하며, 양수인 경우 표현 방식에 관계없이 모두 같은 값으로 표현된다. 우리는 음수 5를 −5로 간단하게 표현할 수 있으나, 컴퓨터는 3가지의 방법 중 하나를 선택해서 표현해야 한다. 먼저 부호 비트를 사용하며 32비트로 정수를 표현하는 경우라면, 가장 왼쪽 비트를 부호 비트로 사용하며 1인 경우 음수를 나타내고 0인 경우 양수를 나타낸다. −5와 5의 컴퓨터 표현 방식은 다음과 같다.

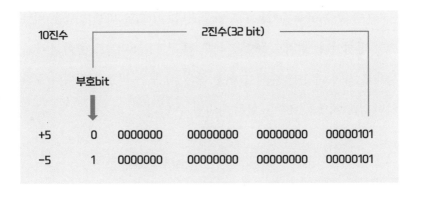

위와 같은 방법으로 정수를 표현하면 +0과 −0이 존재하게 된다. 0이라는 하나의 값을 2가지 방식으로 표현하게 되는 것인데, 이 것은 컴퓨터가 가장 싫어하는 현상이다. 컴퓨터는 하나의 값에 하나의 의미만을 부여하는 원칙을 고수하는데, 0 00000000(가운데 있는

23개의 0을 생략하여 표현)과 1 00000000이 모두 0을 뜻한다면, 컴퓨터는 자신의 원칙에 위배되는 값을 표현하게 되는 것이다. 이러한 이유로 대부분의 컴퓨터에서는 부호 비트 사용 방식을 사용하지 않는다. 또한 부호 비트 방식을 사용하게 되면, 연산 과정이 복잡하게 된다. 부호가 같은 두 수의 합은 쉽게 구할 수 있으나, 부호가 서로 다른 두 수의 합은 그 연산 처리를 위하여 절대 값으로 크기를 비교한 후 절대 값이 큰 값의 부호를 결과 값의 부호로 정하고 두 수의 차이를 계산해야 한다. 이러한 부호 비트의 문제점을 보완하기 위하여 보수 표현법이 개발되었다.

1의 보수 표현은 0은 1로 바꾸고, 1은 0으로 바꾸는 단순 비트 변환 방식이다. 32비트 표현은 너무 긴 관계로 8비트로 줄여서 예를 들기로 하자. 우선 양수의 표현을 찾은 뒤 모든 비트를 반대로 치환하면, 간단히 1의 보수 표현을 나타낼 수 있다.

10진수	1의 보수 표현
+5	00000101
−5	11111010

1의 보수 표현 방식에서 0은 00000000이 되며, 모든 비트를 반대로 치환하게 되면 11111111이 되고 −0을 뜻하게 된다. 부호 비트 사용에서의 2가지 표현 문제가 또다시 존재하는 것이다. 이것을 해

10진수	1의 보수 표현	2의 보수 표현
+5	00000101	
−5	11111010	+1 = 11111011

결하기 위하여 2의 보수 표현 방식이 사용된다. 2의 보수 표현 방식은 1의 보수를 구한 뒤 맨 오른쪽 비트 자리에 1을 더하는 방식이다.

실제로 컴퓨터 시스템에서 2의 보수 표현 방식이 가장 보편적으로 사용되고 있다.

컴퓨터에서 실수 표현하기

컴퓨터에서의 실수 표현은 정수 표현에 비하여 매우 복잡하다. 실수도 모두 2진수로만 표현해야 하기 때문이다. 실수 표현 방식에는 2가지가 있다. 소수부의 자리를 고정시킨 후 실수를 표현하는 '고정 소수점 방식'과 가수와 지수로 나누어 표현하는 '부동 소수점 방식'이다. 예를 들어 32비트의 고정 소수점 방식인 경우 맨 왼쪽 비트는 부호

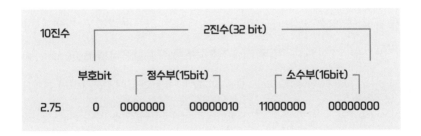

비트로 사용하고, 15비트를 정수부로 나머지 16비트를 소수부로 사용한다.

위와 같이 10진수 2.75에 해당하는 2진수 10.11의 컴퓨터 표현은 32비트 고정 소수점으로 구성 가능하다. 혹시 소수부에 해당하는 10진수 0.75가 왜 2진수 0.11로 표현되었는지 방황하고 있다면, 아래의 식을 확인하자.

$$0.75 \times 2 = 1.5 \quad 1 \quad \text{(정수부)}$$
$$0.5 \times 2 = 1.0 \quad 1 \quad \text{(정수부)}$$
$$0 \times 2 = 0 \quad 0 \quad \text{(멈춤)}$$
$$\Rightarrow 0.110_2 = 0.11_2$$

컴퓨터에서 또 다른 소수점 표현 방식인 부동 소수점으로 실수를 표현할 때는 지수 형식을 이용해 4바이트(32비트)나 8바이트(64비트)로 표현한다. 지수 형식을 쉽게 설명하자면, 10진수의 0.0032를 3.2×10^{-3}으로 표현하는 경우 가수는 3.2에 해당하고, 밑수는 10이며 지수는 −3에 해당한다. 컴퓨터는 모두 2진수임을 알고 있기 때문에 지수 형식 표현에서 밑수에 해당하는 2는 생략하고 지수와 가수만으로 표현한다. 컴퓨터에서의 부동소수점은 IEEE(Institute of Electrical and Electronics Engineers, IEEE: '아이 트리플 이'라고 읽으며 전기전자공학에 관한 표준 및 연구정책을 관리하는 기관)의 규격에 따라 자료를 표

한 권으로 시작하는 소프트웨어

현한다. IEEE 규격 가운데 IEEE 754 방식은 맨 왼쪽에 부호 비트를 사용하고 지수부(exponent)를 위하여 8비트, 가수부(fraction)를 위하여 23비트를 사용한다. 10진수 2.75인 경우 양수이므로 부호 비트는 0이다. 정수 부분은 10_2로 간단하다. 소수점 이하 부분은 위에서 확인한 바와 같이 $.11_2$이다. 10.11에서 소수점을 왼쪽으로 이동하여 한 자릿수만 나타내도록 한다.

$1.011 \times 2^1 \cdots$ 소수점을 한자리 이동하였으므로 2의 1제곱

이와 같이 소수점을 이동시키기 때문에 부동 소수점이라고 한다. 아닐 부(不)를 사용하는 것이 아니고 떠다닐 부(浮)를 뜻한다는 데 유의하자. 1.011에서 정수부 1을 제외한 011이 가수부에 해당하며 가수부는 23비트로 표현한다. 이제 지수부 표현만 확인하면 된다. 지수부는 8비트로 표현된다. 8비트로 표현되는 것은 2^8에 해당하여 0부터 255까지의 값을 가진다고 앞에서 설명하였다. 실수이므로 지수에 양수뿐만 아니라 음수도 지원해야 한다. 255를 음수와 양수 모두 포함시키기 위하여 −128에서 127까지의 지수를 지원한다. 지수의 값을 2진수로 표현해야 하므로 −127을 00000000로 표현하고 128을 11111111로 표현한다. 이 경우 10진수 0의 값은 10000000에 해당하게 되며, 10000000의 절댓값은 128이다. 그래서 지수 부분은

128로 바이어스(biased) 값을 적용한다. 즉, 앞의 예에서 2의 1승이므로 10000000+1=10000001이 지수 값에 해당하게 된다. 결과적으로 2.75의 부동 소수점 표현은 아래와 같다.

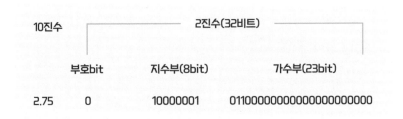

이와 같이 표준 방식에서 8비트 지수의 4바이트(32비트) 형식으로 표현하는 것을 '단일 정밀도 형식'이라 하며, 11비트 지수의 8바이트(64비트) 형식으로 표현하는 것을 '이중 정밀도 형식'이라 한다. 여기서 이중 정밀도 형식은 생략하기로 한다.

컴퓨터에서 이미지 표현하기

컴퓨터에서 표현되는 가장 기본적인 문자와 숫자에 대하여 설명하였다. 컴퓨터는 기본적인 문자와 숫자 이외에도 다양한 자료를 표현하고 처리할 수 있다. 많은 사람들이 다양한 사진 또는 그림들을 컴퓨터에 저장하고 수정하며 이미지 파일들을 사용한다. ✎ 이러한 이미지를 컴퓨터에서 어떻게 처리하는지 살펴보기로 하자. 텍스트 기

한 권으로 시작하는 소프트웨어

반의 문서들을 위하여 우리가 워드 패드를 사용하여 TXT 파일을 작성하거나, MS Word를 사용하여 DOC 파일을 생성하거나, 아래아한글을 사용하여 HWP 파일을 만들 수 있듯이 이미지 파일도 다양한 파일 형식에 따라 여러 종류의 그래픽 파일로 생성될 수 있다. 파일의 형식은 파일 확장자로 구분할 수 있으며, 여기서 파일 확장자란 파일의 형식이나 종류를 구분하기 위하여 파일명의 점(.) 뒤에 나타나는 알파벳 문자열을 의미한다. 본인이 파일명을 작성할 때 myfile.gif로 저장한다고 하여 GIF 형식의 파일이 되는 것이 아니라 파일 포맷을 정한 후 myfile 이라고 파일명을 지정하면, myfile.gif로 저장되며, 이때 파일 형식이 GIF가 되는 것임을 주의해야 한다. 이미지 파일의 형식에 따라 파일의 크기, 화질, 색상표현 방식, 압축 방식, 호환성 등 특성이 다르기 때문에 조건에 맞는 파일 형식을 사용할 수 있어야 한다.

　✎그러면 우리가 접하는 다양한 이미지 파일의 형식에는 어떠한 것들이 있을까? 가장 먼저 Windows의 표준 형식으로 BMP 확장자를 갖는 비트맵(bitmap) 파일이 있다. 비트맵 형식의 파일은 마이크로소프트사가 개발한 파일 형식으로 이미지 파일 형식 중에서 가장 단순한 구조에 해당하며, 압축하지 않은 상태로 이미지를 저장하는 그래픽 파일 형식이다. 압축을 사용하지 않기 때문에 이미지 크기가 큰 것이 단점이지만, 원본 그대로의 화질을 유지하기 때문에 화질이

우수하다.

　이미지 표현을 이해하기 위해서는 먼저 '픽셀(pixel)'을 이해해야 한다. ✎이미지 파일을 가장 작은 단위로 쪼개면 하나의 점으로 나타나며, 이 네모 모양의 작은 점들을 픽셀이라고 한다. 우리말에서 픽셀은 화소라고 한다. 화소의 수가 많을수록 이미지의 화질이 좋아지는 것은 쉽게 이해할 수 있을 것이다. 만약 픽셀을 1비트로 표현한다면 각 픽셀은 오로지 1과 0으로만 구분 지을 수밖에 없을 것이다. 다음과 같은 이미지가 1비트 픽셀의 예이다.

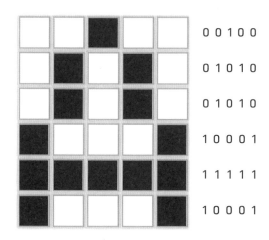

　5×6 픽셀 즉, 30화소로 표현된 이미지에 해당하며, 한 픽셀을 1비트로 표현한 것이다. 색이 나타난 픽셀은 1로 색이 없는 픽셀은

0으로 표현하여 이미지를 나타낼 수 있다. 즉, 흑과 백으로만 이미지를 나타내는 경우에 해당한다. 비트맵은 2색, 16색, 256색, 하이컬러(High Color)라고 불리는 16비트 색상으로 사용되어 왔으나, 기술의 발달로 이제는 24비트 색상 또는 32비트 색상이 사용된다. 32비트인 경우 트루컬러(True Color)라고 한다. 24비트는 한 픽셀을 표현하기 위하여 2^{24} 즉, 16,777,216 색상을 사용하는 것으로, RGB(Red, Green, Blue)의 색상을 각 8비트(1바이트)씩 이용해서 색을 표현한다. 각 색상

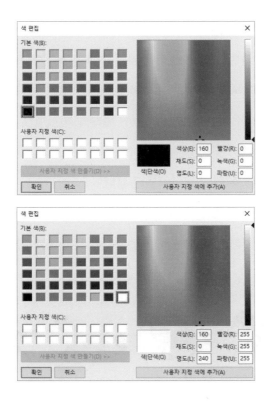

별로 8비트를 사용하므로 0부터 255까지의 값을 가질 수 있다. 만약 하나의 픽셀이 Red에 해당하는 8비트가 0이고, Green에 해당하는 8비트가 0이고, Blue에 해당하는 8비트가 255이라면, 이미지의 해당 픽셀은 선명한 파란색을 표시한다. 앞의 그림에서 검정색은 RGB 각각의 값이 0이며, 흰색은 RGB 각각의 값이 255로 나타내는 것을 확인할 수 있다. 32비트의 경우 24비트는 RGB를 표현하고 나머지 8비트는 투명도 값을 반영한다.

다음으로 이미지 파일 형식으로 많이 사용하는 GIF 형식이 있다. GIF는 'Graphics Interchange Format'의 약자로 256색까지 저장이 가능한 비손실 압축 형식의 이미지 파일 포맷이다. GIF 파일의 특징은 하나의 파일에 여러 개의 비트맵을 적용하여 다중 프레임의 애니메이션을 쉽게 구현할 수 있다. 아래의 비트맵 프레임을 겹친 상태로 계속하여 반복한다면 말이 제자리에서 달리는 것과 같은 이미지를 확인할 수 있게 된다.

애니메이션을 지원하는 장점이 있으나, 색의 표현에서 256색으로 제한하는 것에 한계를 느끼면서 새로운 표준이 개발되었다.

BMP 형식의 파일은 압축을 사용하지 않으며, GIF 형식의 파일은 비손실 압축을 지원한다고 하였다. JPG 확장자를 갖는 JPEG 파일은 손실 압축 방식을 지원하는 이미지 파일 포맷이다. JPEG는 'Joint Picture Experts Group'의 약자로 이미지 전문가들이 모여 결성한 위원회에서 개발한 이미지 파일 포맷이다. 멀티미디어 환경이나 웹상에서 많이 사용되는 이미지 형식에 해당한다. 압축율을 크게 적용하면 이미지 손상이 많이 발생되어 압축에 따른 이미지 훼손이 불가피하다는 단점을 가지고 있다. 옆의 이미지는 모두 JPEG 형식의 파일이나 두 그림 중 아래에 위치한 이미지는 압축율을 높여서 화질에 손상이 발생한 경우에 해당한다.

원본 이미지

화질 손상 압축

JPG 파일   PNG 파일

GIF 형식의 개선책으로 개발된 PNG 파일은 'Potable Network Graphics'의 약자로 일반적으로 '핑' 파일이라고 부른다. PNG 파일 형식은 GIF와 JPEG의 장점을 합쳐서 개발한 파일 포맷에 해당한다. GIF 파일 형식과 마찬가지로 비손실 압축 방식을 적용하여 파일의 크기를 줄이며, 문자와 같이 경계선이 세밀한 이미지의 경우 JPEG 형식보다 더 나은 화질을 보장한다. 그러나 GIF처럼 애니메이션을 지원하지는 않으며, JPEG보다 용량이 크게 사용되는 단점이 있다. 위의 이미지에서 왼쪽은 JPG 형식이며, 오른쪽은 PNG 형식이다. 이 미지의 차이는 크게 느낄 수 없으나 JPG 파일의 사이즈는 105,569 바이트이며, PNG 파일의 사이즈는 874,474 바이트이다.

BMP, GIF, JPG, PNG 이외에도 다양한 이미지 파일 형식이 존재하지만, 여기서는 생략하기로 한다.

한 권으로 시작하는 소프트웨어

컴퓨터에서 소리 표현하기

✎소리 자료에는 음악, 음성, 음향 데이터 등이 포함된다. 컴퓨터는 어떻게 소리를 표현하는 것일까? 소리는 연속된 데이터 형식이므로 아날로그 자료임에 틀림없다. 그러나 컴퓨터는 모든 자료를 1과 0으로 표현하는 디지털 자료만을 처리하는데, 어떻게 아날로그 자료를 디지털 자료로 표현하는 것일까? 이러한 변환을 위하여 몇 단계의 작업을 거쳐야 한다.

아날로그 형태의 소리 자료를 디지털 자료로 변환하기 위해서는 표본화(Sampling), 양자화(Quantization), 부호화(Coding) 과정이 필요하다. 표본화 과정은 아날로그 파형을 디지털 형태로 변환하기 위하여 표본을 취하는 과정이다. 여기서 Hz(헤르츠) 단위를 사용하여 1초 동안에 취한 표본화 수 즉, 디지털화 하는 횟수를 정의한다. 표본화하는 수가 커지면 원음에 가까운 음으로 디지털화 할 수 있으나 데이터양이 증가한다. 일반적으로 음악 CD의 경우 최고 주파수를 22.05KHz로 적용하는데, 인간의 귀는 20KHz 이상의 사운드는 감지할 수 없기 때문이다. 양자화 과정은 표본화된 각 점에서 값을 표현하기 위해 사용되는 비트 수로 정밀도를 뜻한다. 부호화와 양자화를 거친 디지털 정보를 표현하는 과정을 '부호화 과정'이라고 한다. 이 과정에서 양자화 과정의 결과 값을 bit 값으로 표현한다. 양자화의 결과 값이 정수의 값이 아닌 경우에는 근사값으로 적용하여 정수

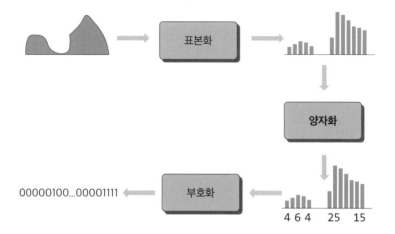

로 표현하다. 이와 같이 컴퓨터가 이해할 수 있는 비트로 저장된 소리 자료는 사용자에게 재생될 때는 DAC(Digital Analog Converter)를 통하여 다시 아날로그 파형으로 변환되어 들려주게 된다. 이러한 일련의 과정은 컴퓨터에 장착한 사운드 카드에 의하여 처리된다.

이와 같이 컴퓨터에서 디지털 오디오로 처리하는 방식 이외에 미디(MIDI) 방식이 존재한다. ✎MIDI는 Musical Instrument Digital Interface의 약자로 전자 악기와 컴퓨터 간의 상호 정보교환을 위한 규약에 따른 방식이다. 미디 시스템의 과정은 전기적인 신호를 합성하여 음을 생성하는 장치인 신디사이저에서 음을 발생하면 미디 인터페이스 카드를 통하여 입력된 음이 컴퓨터로 전송되어 편집 및 저장 등의 작업이 진행되고, 다시 미디 인터페이스 카드를 통하여 미디 장치 또는 앰프를 사용하여 스피커로 재생 시키는 단계를 거쳐 소리 데이터를 처리한다.

컴퓨터에서 동영상 표현하기

컴퓨터에서 동영상 자료의 표현은 어떻게 하는 것일까? 동영상은 여러 개의 이미지를 연속적으로 보는 것이며, 이미지 하나하나를 프레임이라고 한다. 앞에서 언급한 GIF는 애니메이션으로 한 프레임씩 따로 작성한 후 연속적으로 재생하여 하나의 파일을 형성하는 것이고, 동영상은 실제로 움직이는 모습을 촬영한 파일에 해당한다. 동영상 자료는 영상과 소리 모두를 포함해야 하기 때문에 파일의 용량이 클 수밖에 없다. 파일 용량이 크면 처리하거나 전송할 때 시간이 오래 걸리므로 일반적으로 압축(Compression)하여 저장한다. 압축되어 저장된 파일을 재생할 때는 다시 복원(Decompression)하는 과정이 필요하며, 압축과 복원의 과정은 코덱(CODEC)이 담당한다. 압축된 동영상을 재생하려면 압축에 사용된 코덱이 컴퓨터에 설치되어 있어야 한다.

그러나 코덱은 종류가 많으므로 해당 동영상이 정확히 무슨 코덱으로 압축되어 있는지를 먼저 확인하는 과정이 필요하다. 일반적으로 동영상의 파일 형식은 AVI와 MPEG이 사용되며, 동영상 파일 포맷에 따라 지원되는 압축 방식이 바로 코덱이다. 같은 포맷의 파일이라도 다른 코덱을 사용했다면 그에 맞게 코덱을 설치해야 한다. 서로 다른 코덱은 압축과 복원하는 방식이 다르기 때문에 호환되지 않기 때문이다.

우리는 매일매일 다양한 자료를 접하고 있다. 앞에서 보았듯이 우리가 접하는 모든 자료는 다양한 방법으로 컴퓨터에 저장되고, 처리되고, 다시 표현되고 있다. 모든 자료를 보관하고 원하는 대로 처리하고 관리해주니, 컴퓨터라는 친구는 우리에게 꼭 필요하고 유익한 친구가 확실하다!

어떻게 답을 찾는지 궁금한가요?

디지털 논리 회로

컴퓨터가 답을 찾는 과정을 살펴보기 위해서는 먼저 논리 회로를 이해해야 한다. 컴퓨터는 2진수를 전기적 신호(1=ON, 0=OFF)를 이용하여 처리하며, 전기적 신호로 동작하는 회로를 '논리 회로'(Logical Circuit)라고 한다. 논리 회로는 일반적으로 입력 단자와 출력 단자를 포함하는 게이트(Gate)로 구성된다.

다음의 그림에서 A와 B를 입력 단자라고하며, Y를 출력 단자라고 한다. 입력 단자와 출력 단자 사이에 표시된 오른쪽 끝이 뾰족하게 생긴 것을 게이트라고 하며, 게이트 종류마다 처리하는 내용이 구분된다. 아래의 게이트는 논리합을 나타내는 'OR 게이트'에 해당하며, 논리식은 'A+B=Y'라고 표시한다. OR 게이트의 결과 값은 '진리표'에서 확인할 수 있다.

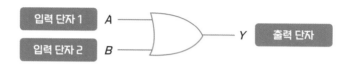

논리 게이트의 결과를 나타내는 진리표는 다음과 같다.

A	B	Y(A+B)
0	0	0
0	1	1
1	0	1
1	1	1

여기서 주의해야 할 점은 논리식은 덧셈이 아니라는 것이다. A와 B의 값이 모두 1인 경우 즉, 입력 값이 모두 '참'(True)인 경우 답은 2가 아니라 '참' 또는 '참'에 해당하여 '참'이 되는 것이다. 이해가 안 된다면 다음의 병렬연결을 검토해보자. 건전지에 병렬연결로 구성된 전구에 불이 들어오게 하려면, A 또는 B 둘 중에 하나만 연결되어 있거나 A와 B 모두 연결되어 있어야 한다.

한 권으로 시작하는 소프트웨어

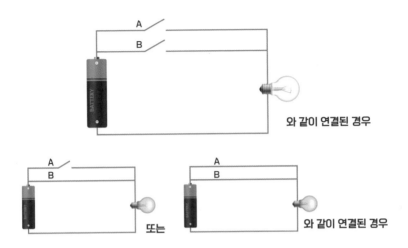

와 같이 연결된 경우

또는

와 같이 연결된 경우

불이 들어오는 상황이 논리합(OR 게이트)이라고 이해하면 진리표가 쉽게 납득될 것이다. 물론 여기서 1은 연결 상태에 해당하는 ON의 경우이며, 0은 연결을 끊은 상태에 해당하는 OFF의 경우이다. A와 B 모두 연결이 안 된 상태에서 전구에 불이 들어올 수는 없으므로 A와 B의 값이 모두 0인 경우에만 결과 값이 0으로 나온다.

또 다른 기본적 논리 회로에는 'AND 게이트'가 있다. AND 게이트의 논리식은 논리곱에 해당하며, •를 논리식에 사용한다. 논리식 'A • B'의 논리 회로와 진리표는 다음과 같다.

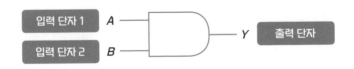

입력 단자 1　A

입력 단자 2　B

Y　출력 단자

A	B	Y (A · B)
0	0	0
0	1	0
1	0	0
1	1	1

진리표를 보면 A와 B 입력 값이 모두 1인 경우만 결과 값 Y가 1이 나오고, 아닌 경우 모두 결과 값은 0이 되는 것을 알 수 있다. 이러한 결과를 이해하기 위하여 다음 직렬연결의 경우를 검토하자.

의 경우

이처럼 A와 B 두 선 모두 연결 되어야 전구에 불이 들어온다는 것을 알 수 있다. 둘 중 하나의 선이라도 열려 있다면 전구에 불이 들어올 수 없다. 이러한 경우를 AND 게이트를 적용한 논리의 곱이라고 한다.

여기서 한 가지의 논리 회로만 더 검토해 보자.

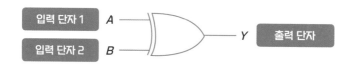

입력 단자 1　A

입력 단자 2　B

Y　출력 단자

한 권으로 시작하는 소프트웨어

'XOR(Exclusive OR) 게이트'이며, 상호 배타적 OR 게이트란 의미로 OR 게이트와 동일하게 작동한다. 하지만 입력 값이 동일한 경우에는 1을 출력하지 않는다. 즉, 입력 값이 서로 다르면 1을 출력하고, 같으면 0을 출력한다. 논리식 'A⊕B'으로 표현하며, 진리표는 다음과 같다.

A	B	Y (A⊕B)
0	0	0
0	1	1
1	0	1
1	1	0

이제 1+1을 컴퓨터가 어떻게 처리하는지 설명할 준비가 되었다. 1+1은 덧셈이므로 가산기(Adder)를 적용한다. 가산기에는 단순히 두 수의 값을 더하는 '반가산기'(Half Adder)와 올림으로 올라온 자릿수를 고려하며 더하는 '전가산기'(Full Adder)가 있다.

우선 반가산기부터 검토해 보기로 하자. 반가산기는 다음과 같이 설계할 수 있으며, 앞에서 설명한 기본 논리 회로를 조합하여 반가산기의 처리에 합당한 논리 회로를 다음과 같이 만들 수 있다.

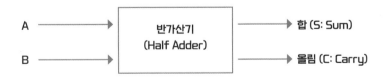

반가산기를 위한 논리 회로는 다음과 같이 AND 게이트와 XOR 게이트가 필요하다.

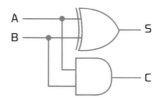

위의 논리 회로의 논리식은 S=A⊕B와 C=A・B이며, 진리표를 작성하면 그 결과는 다음과 같다.

A	B	올림 (C)	합 (S)
0	0	0	0
0	1	0	1
1	0	0	1
1	1	1	0

결과에 해당하는 올림과 합을 살펴보면, 두 입력 값 A와 B가 모두 0의 경우인 0+0은 올림 없이 합의 결과가 0이며, 입력 값이 0과 1인 0+1과 1+0은 올림 없이 합의 결과가 1이 나온다. 입력 값이 모두 1인 1+1은 올림이 발생하며 결과 값은 0으로 처리된다. 즉, 1+1은 2가 나오며 2의 2진수 표현이 10이므로 위의 진리표가 올바르게 작동할 수 있음을 확인할 수 있다.

반가산기는 1비트의 연산만 실행할 수 있을 뿐 연속한 비트의 덧셈을 처리할 수 없다. 그래서 사용되는 것이 전가산기이다. 전가산기의 설계는 다음과 같이 이루어지며, 실질적 논리 회로는 반가산기 2개를 활용하며 하나의 OR 게이트를 추가하여 구성한다.

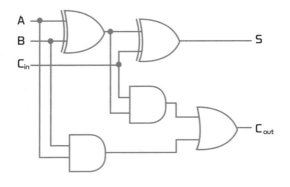

위의 논리 회로의 논리식은 다음과 같다.

$$S = A \oplus B \oplus C_{in}$$
$$C_{out} = A \cdot B + (A \oplus B) \cdot C_{in}$$

논리식에 따른 진리표는 3개의 입력 단자를 요구하기 때문에 아래와 같이 2^3에 해당하는 8개의 상태로 결과 값이 작성된다.

A	B	C_{in}	올림 (C_{out})	합 (S)
0	0	0	0	0
0	0	1	0	1
0	1	0	0	1
0	1	1	1	0
1	0	0	0	1
1	0	1	1	0
1	1	0	1	0
1	1	1	1	1

진리표를 검토하면 A와 B의 입력 값이 각각 1이며 올림으로 1을 받은 경우, 합의 결과는 2진수 11 즉, 10진수 3에 해당하도록 나오며, 이는 발생하는 올림 1과 합의 결과 1로 표현되어 올바른 연산이 처리되었음을 알 수 있다.

인간은 너무나도 쉽게 알 수 있는 1+1의 연산을 컴퓨터는 이렇게 복잡한 논리 회로를 적용하여 오직 1과 0으로 계산해 그 결과를 생성해 내는 것이다.

앞의 컴퓨터 하드웨어에서 언급하였듯이 컴퓨터는 실질적 연산을 중앙 처리 장치(CPU)에서 담당하고 있으며, CPU 안에 있는 산술·논리 연산 장치(ALU)에서 실질적 계산을 실행한다. 사용자의 명

한 권으로 시작하는 소프트웨어

령어가 CPU에 전달되면, CPU는 필요한 논리 회로를 적용하여 사용자의 명령어를 처리하는 것이다.

1과 0밖에 모르는 바보 같은 컴퓨터가 똑똑하게 모든 작업을 처리할 수 있었던 것은 모든 일을 논리적으로 처리하기 때문이다. 이처럼 우리도 논리적 사고력이 있어야 논리적으로 모든 일을 처리하는 컴퓨터에게 원하는 작업을 적절하게 요청할 수 있다.

나에게 생명을 불어넣어 주는
착한 친구!

운영체제

앞에서 소개한 하드웨어는 엄밀히 말하면 단순한 깡통일 뿐이다. 복잡한 회로와 비싼 메모리가 꽂혀 있는 단순한 기계 덩어리이다. 하드웨어가 제대로 작동하려면 하드웨어에 알맞은 운영체제가 필요하다. 운영체제는 영어로 'Operating System'이라고 하며, 줄여서 OS라고 부른다. 일반적으로 운영체제를 확대하여 유틸리티 프로그램을 포함하는 경우에 '시스템 소프트웨어'(System Software)라고도 한다. 유틸리티 프로그램은 사용자가 컴퓨터를 더 쉽게 사용할 수 있도록 도와주는 프로그램을 뜻한다.

우리가 만일 삼성 또는 LG 노트북을 산다면, 마이크로소프트의 윈도우가 운영체제로 깔려 있다. 애플에서 나온 컴퓨터를 구입한다

대표적인 PC 운영체제

면, Mac OS가 설치되어 있다.

사용자가 컴퓨터를 사용하려면 필수적으로 운영체제가 있어야한다. 우리가 실생활에서 사용하는 TV, 냉장고, 세탁기, 전기밥솥 등의 많은 전자기기들도 작동을 위해서는 운영체제가 필요하다. 이러한 정보기기들은 임베디드 운영체제(Embedded OS, 하드웨어에 내장되어 있는 운영체제)를 사용한다. 요즘은 자동차 또한 커넥티드 카(Connected Car, 무선랜이 장착되어 인터넷 접속이 가능한 자동차)로 재탄생하고 있다. 커넥티드 카에서 다양한 프로그램을 실행하기 위해서는 필수적인 운영체제가 필요하다.

스마트폰의 경우도 기기마다 모바일 운영체제가 탑재되어 있다. 구글에서 개발한 안드로이드 OS와 아이폰에서 사용하는 애플의 iOS, 노키아의 심비안 등이 이에 해당한다.

도대체 운영체제가 하는 일이 무엇이기에 모든 기기에 필요한 것일까? 우선 하드웨어는 컴퓨터의 자원(resource)에 해당하는 것이

대표적인 모바일 기기의 운영체제

다. 자원은 한정되어 있으나 컴퓨터가 처리될 때 여러 프로그램에서 특정 자원을 동시에 요구하는 상황이 발생할 수 있다. 이러한 상황에서 운영체제는 자원을 효율적이고 공정하게 사용할 수 있도록 처리해준다. 이러한 역할을 '자원 할당자'(Resource Allocator)라고 한다.

운영체제가 관리해야 하는 자원은 컴퓨터의 핵심에 해당하는 중앙 처리 장치(CPU), 다양한 저장 장치 시스템, 입출력 장치 시스템 등 모든 하드웨어 요소들에 해당된다. 또한 운영체제는 저장 장치에 있는 모든 파일 시스템을 관리하며, 컴퓨터의 기본 기능인 인터넷 접속을 위한 네트워크 시스템 관리 역시 담당하고 있다. 자원 관리 역할은 하드웨어를 위한 것이고, 사용자를 위해 운영체제가 담당하는 기능은 사용자 인터페이스(User Interface) 제공이다. 즉, 사용자가 편리하게 컴퓨터를 사용할 수 있는 환경을 제공하는 것이다. 만약 일일이 원하는 명령어를 텍스트로 입력하는 시스템과 화면에 보

이는 내용을 한 번의 클릭만으로 선택하여 실행되는 시스템 중 하나를 고르라고 한다면, 당연히 사용자들은 클릭만으로 실행하는 것을 선택할 것이다.

지금 우리가 사용하는 대표적 운영체제는 모두 마우스 클릭을 통하여 명령을 실행할 수 있는 GUI(Graphical User Interface)에 해당한다. 그러나 윈도우에서 '명령 프롬프트'를 선택하면, 텍스트 기반으로 키보드를 사용하여 명령어를 입력할 수도 있다. 명령어에 따라 '명령 프롬프트'를 통하여 실행하는 경우도 있기 때문에 사용자가 이를 알고 있다면 컴퓨터 활용을 극대화할 수 있다.

지금까지 운영체제는 하드웨어를 위하여 효율적으로 자원 관리를 하며, 사용자를 위하여 편리한 인터페이스를 제공한다는, 두 가지

한 권으로 시작하는 소프트웨어

기능을 담당하는 것을 살펴보았다. 이 두 가지를 기본으로 컴퓨터에서 처리하는 작업량의 극대화를 꾀하고, 사용자에게 명령어 처리를 위한 응답 시간을 최대로 단축한다. 또 컴퓨터 작업에 대한 신뢰성 향상을 도모하여, 사용자의 사용도를 향상시켜야 한다.

그러기 위하여 컴퓨터의 자원 및 작업에 대한 보호 및 보안을 운영체제가 책임져야 한다. 이것이 운영체제의 주요한 세 번째 역할이다. 이러한 운영체제의 역할을 통하여 우리가 운영체제를 사용해야 하는 목적을 정의할 수 있다. 하드웨어 자원을 최대한 활용하는 효율성의 목적, 사용자에게 편리한 환경을 제공하는 편리성의 목적, 그리고 안전하게 사용할 수 있는 신뢰성의 목적을 위해 운영체제가 필요한 것이다.

운영체제의 목적

운영체제의 도움으로 살아갑니다

 # 응용 소프트웨어

우리가 컴퓨터를 사용하는 목적은 상황마다 다를 것이다. 어떤 때는 인터넷 검색을 위하여 웹 브라우저를 사용하고, 어떤 때는 문서 작성을 위하여 워드 프로세서를 사용한다. 또 어떤 때는 통계 처리를 위하여 스프레드시트를 사용하고, 심심할 때 원하는 게임 프로그램을 실행한다. 이처럼 그때그때 자신의 목적에 따라 컴퓨터를 사용한다. 🖋 이렇게 사용자의 특정 목적을 위한 소프트웨어를 응용 소프트웨어라고 한다. 영어로는 'Application Software'라고 하고, 모바일 기기에서는 '앱'(App)이라고 한다.

앞서 하드웨어를 작동시키기 위하여 운영체제가 필요하다고 언급하였다. 운영체제는 사용자가 원하는 응용 소프트웨어가 주어진

Google   Apple   Opera   Ms   Mozilla
Chrome   Safari   Internet Explorer Firefox

다양한 웹 브라우저

하드웨어에서 올바르게 작동하도록 중간 역할을 담당한다. 이러한
개념은 다음과 같은 구성으로 설명된다.

사용자

응용 소프트웨어

운영체제

하드웨어

이러한 관계는 응용 소프트웨어가 운영체제의 지원으로 컴퓨터
에서 작동되는 것을 말하며, 운영체제가 지원하지 않는 응용 소프트

웨어는 해당 컴퓨터에서 작동되지 않는다. 쉽게 설명하여 특정 응용 소프트웨어를 설치할 때 Mac인지 Windows인지 선택하라고 하는 경우가 바로 운영체제에 따라 응용 소프트웨어 처리 방식이 다르기 때문이다. 올바르지 않은 응용 소프트웨어를 설치한다면, 해당 컴퓨터에서 사용할 수 없다. 이러한 상황은 스마트폰에서 앱(App)을 설치하는 경우에도 동일하게 적용된다. 특정 앱(App)은 안드로이드 폰에서만 작동되는 것이 그 예이다.

여기까지 읽은 독자는 응용 소프트웨어는 기본으로 컴퓨터 또는 스마트폰에 깔려 있는 것이 아니라, 사용자가 해당 기기에 별도로 설치한 후 사용이 가능함을 깨달았을 것이다. 물론, 주로 사용하는 응용 소프트웨어를 설치하여 판매하는 경우도 있지만, 그것은 예외적인 것이다.

이 책을 읽고 있는 독자 중 코딩 즉, 소프트웨어를 개발하는 프로그래머를 꿈꾸거나 관심이 있는 사람이 있을 것이다. 우리가 일반적으로 이야기하는 코딩의 대상이 바로 응용 소프트웨어이다. 물론 운영체제에 해당하는 시스템 소프트웨어도 코딩할 수 있으나, 프로그램 개발자 중 일부에 해당한다.

많은 사람들이 사용하는 페이스북(facebook) 또는 인스타그램(Instagram)과 같이 SNS를 목적으로 하는 앱들은 응용 소프트웨어에 해당한다.

(출처: https://www.instagram.com)

     위 화면의 아래 부분을 보면 '앱을 다운로드하세요'라고 안내가 되어 있으며, 이 문구는 인스타그램이 응용 소프트웨어임을 나타낸 다. 또한 앞에서 언급하였듯이 운영체제에 맞는 응용 소프트웨어를 사용해야 하기 때문에 아이폰을 위한 앱스토어(App Store)에서 다운 받을 것인지, 안드로이드 환경을 위한 구글 플레이(Google Play)에서 다운받을 것인지 선택해야 한다.

　　요즘 초등학생들도 코딩을 하려고 사용하는 엔트리 언어로 작성된 단순한 두더지 게임도 응용 소프트웨어에 해당한다. 소프트웨어의 사용 목적은 오락 또는 휴식 등으로 분류할 수 있다.

엔트리로 작성한 응용 소프트웨어의 예　　　(출처: https://playentr.org 작품 공유하기 중에서 발췌)

　　연관성 있는 응용 소프트웨어들을 하나로 묶어 패키지를 구성하기도 한다. 예를 들어 마이크로소프트사의 MS Office는 사무 처리와 관련된 소프트웨어의 묶음에 해당하며, 제공되는 내용은 데이터베이스 관리를 위한 액세스(Access), 발표 자료 작성을 위한 파워포인트(PowerPoint), 문서 작성을 위한 워드(Word), 스프레드시트 관리를 위한 엑셀(Excel), 이메일을 지원하는 아웃룩(Outlook), 기타 다른 프로그램들이 포함되어 있다. 다소 낯선 용어일 수도 있는 '소프트웨어 패키지'는 연관된 응용 소프트웨어의 집합을 뜻한다.

컴퓨터의 실체를 만나다

1부에서는 세상에서 제일 똑똑한 컴퓨터의 실체를 알아보았다. 컴퓨터의 똑똑함은 모두 인정하지만, 0과 1만으로 이루어진 세상에 사는 바보스러운 아이임을 확인하였다. 우리는 단순히 '컴퓨터'라는 하나의 대상으로만 알았지만, 함께하는 가족이 많이 존재하는 것을 하드웨어 구조를 통하여 검토해 보았다. 또 0과 1로만 이루어진 세상에서 다양한 정보를 어떻게 표현하는지 살펴보았다. 컴퓨터가 사용자가 요구한 내용을 처리하여 답을 제시하기 위하여 디지털 논리 회로가 일하고 있는 것 또한 검토했다. 실질적으로 컴퓨터가 작동되려면 컴퓨터에 알맞은 운영체제가 필요한 것과 그 운영체제의 지원으로 우리가 필요한 응용 소프트웨어를 사용할 수 있음을 언급하였다. 1부를 통하여 컴퓨터라는 아이를 조금 더 이해하고 친해졌다면, 이제 '컴퓨터의 꽃'에 해당하는 소프트웨어에 대해 이어서 이야기해 보도록 하자!

II. 격변의 시대 한가운데 서 있는 소프트웨어

세상의 주목이 소프트웨어로 몰리고 있다. 전 세계가 앞다투어 '소프트웨어 중심사회'로 진입하고 있다며 국가적인 많은 투자와 노력을 아끼지 않고 있다. 미래창조과학부가 정의한 소프트웨어 중심사회란 '소프트웨어가 혁신과 성장, 가치 창출의 중심이 되고 개인·기업·국가의 경쟁력을 좌우하는 사회'를 말한다. 쉽게 말하면 우리의 삶과 소프트웨어를 분리할 수 없으며, 소프트웨어가 경쟁력이 된다는 의미이다. 이러한 우리 삶의 변화 속도가 워낙 급격하기에, 우리는 이러한 변화를 '4차 산업혁명'이라 일컫고 있다. 4차 산업혁명의 중심은 단연 소프트웨어다.

이러한 격변의 시대에 소프트웨어를 이해하지 못한다면 결국 경쟁력을 잃고 변화하는 세상에 적응하지 못한 낙오자로 살아갈 수밖에 없을 것이다. 소프트웨어 중심사회에서는 방대한 자료를 관리하는 능력이 있어야 한다. 4차 산업혁명 시대는 '사물인터넷'(IoT)이 핵심 주제어 중 하나이며, 우리가 일상생활에서 접하는 사물들이 인터넷으로 연결되어 자료를 생성하고, 생성된 자료에 의하여 소프트웨어가 관리하는 것이다. 이것은 네트워크의 발달로 가능해지며, 수많은 사물들이 쏟아내는 자료를 네트워크로 받아 처리하는 과정에서 '빅데이터'가 생성되는 것이다. 생성된 방대한 양의 자료를 저장하고 관리하기 위하여 '클라우드 컴퓨팅' 기술이 각광받고 있다. 자료들이 쌓여가며 스스로 학습하고 최선의 답을 찾아 주는 '인공지능', 그중에서도 '기계학습'(machine learning: 머신 러닝)이 다양한 분야에서 활용되고 있다. 이러한 기술의 발달은 우리의 활동 범위를 현실 세계에만 국한시키지 않고, 가상의 세계로까지 확대시키고 있다. 이렇듯 격변하는 시대에 중심에 있는 소프트웨어를 이해하고, 시대의 변화에 발맞춰 경쟁력을 확보하는 것은 이제 선택이 아니라 필수라고 할 수 있다.

18세기 초 1차 산업혁명 이후 4번째 산업혁명의 시대가 도래하였다. 혁명은 급진적이고 근본적인 변화를 의미하는 단어인데, 우리의 산업 현장에 새로운 변화가 시작된 것이다. 즉, 새로운 기술 혁신이 산업의 패러다임을 바꾸고 있다. 우리나라의 경우 2016년부터 모든 분야에서 '4차 산업혁명'을 언급하며 언론의 관심을 받고 있다.

4차 산업혁명이라는 용어 자체는 2016년 세계경제포럼(World Economic Forum, WEF) 의장인 클라우스 슈밥(Klaus Schwab)이 언급하면서 시작되었다. 4차 산업혁명은 초연결성(hyper-connectivity), 초지능(super-intelligence), 그리고 인공지능(artificial intelligence)의 특성을 가지고 있다. ✎즉, 4차 산업혁명 시대에는 인공지능을 기반으로 모든 것이 연결되고 지능화되는 것을 의미한다. 4차 산업혁명의 전개는 아래와 같은 과정을 거쳐서 이루어졌다.

1차 산업혁명은 18세기 말 영국에서 증기기관의 발명으로 인하여 혁신적 변화를 이룬 기계화 혁명이었다. 그 결과 급속한 공업화와 도시 인구의 폭발적 증가가 진행되었다. 2차 산업혁명은 19세기 말부터 20세기 초반까지 전기 발명으로 미국과 유럽의 선진국을 중심으로 나타난 산업혁명이다. 이는 전기 에너지 기반의 대량 생산 혁명에 해당하며, 대기업 부상과 중공업 발달을 이루었다. 3차 산업혁명은 20세기 후반 미국 등 IT 선진국을 중심으로 시작된 산업혁명으로, 컴퓨터와 인터넷 기반의 지식 정보 혁명에 해당한다. 이로써 산업의 디지털화와 공유 경제의 확산이 이루어졌다.

4차 산업혁명은 인공지능(AI), 사물인터넷(IoT), 클라우드 컴퓨팅, 빅데이터 등 지능 정보 기술이 기존의 산업과 서비스에 융합되고, 3D 프린팅, 로봇공학, 생명공학, 나노기술 등 여러 분야의 신기술이 다양한 제품과 서비스에 적용되어 사물의 지능화를 이루는 산업혁명에 해당한다. 우리는 현재 3차 산업혁명 시대에서 4차 산업혁명 시대로 넘어가는 과도기에 있으며, 4차 산업혁명은 지식에서 더 나아가 '지능 혁명'에 해당한다.

4차 산업혁명은 산업구조의 혁신적인 변화를 초래하는 혁명적 기술의 발전이지만, 일부 나라에서는 4차 산업혁명으로 구분짓

AI기술을 핵심 동인으로 상품·서비스의
생산·유통·소비 전 과정에서
모든 것이 연결되고 지능화 됨

(출처: 산업부 장관 발표자료 2017.4.12.)

지 않고 다른 용어를 사용하기도 한다. 독일의 경우 우리의 4차 산업
혁명에 해당하는 용어가 '인더스트리(Industry) 4.0'이다. 2012년 독
일 정부가 제조업의 부흥을 위하여 내세운 전략으로, 스마트 공장,
인공지능, 로봇 등을 통한 제조업의 완전 자동화와 생산 체계의 혁
신을 주도하는 전략이다. 미국에서는 디지털 트랜스포메이션(Digital
Transformation)의 개념으로 사물인터넷, 인공지능, 기계학습, 인지 컴
퓨팅 등의 최신 기술을 활용하여 상품과 서비스, 판매, 생산, 구매 유
통 등 사업 모델의 모든 과정을 디지털화 하는 전략이 4차 산업혁명
에 해당한다.

　　일본의 경우는 '로봇신전략'이라는 이름으로 정부 차원에서 로

봇을 기반으로 산업 생태계 혁신 및 사회적 과제 해결을 도모하고 있다. 일본은 로봇 산업 육성을 위하여 2020년까지 우리 돈으로 약 24조 원을 투자하는 엄청난 기술 혁신을 추진하고 있다.

또한 IT 강대국으로의 자리매김을 확실히 해 나가고 있는 중국은 '중국제조 2025'라는 국가 차원의 산업 고도화 30개년 계획을 추진하고 있으며, 이를 통하여 노동 집약형 제조업을 기술 집약적 스마트 제조업으로 전환하는 과정 중에 있다.

이처럼 나라별로 사용하는 용어는 다를 수 있으나 모든 내용은 정보통신 기술(Information and Communication Technology: ICT)의 혁신을 뜻하며, 그 중심에 소프트웨어가 있음을 기억해야 한다.

그렇다면 이처럼 전 세계가 새로운 혁명에 동참하는 이유는 무엇일까? ✎ 미래학자들은 4차 산업혁명은 정보통신 기술의 혁신적인 기술로 인하여 산업 구조와 삶을 엄청나게 변화시키기 때문에 자연스럽게 '직업의 세계'에도 큰 변화가 닥칠 것이라 예상하고 있다. 특히 인공지능이 대체할 수 있는 일자리와 자동화가 가능한 직업은 모두 사라질 거라 예측한다. 아직까지는 현실에서 일어나지 않기 때문에 잘 실감이 나지 않을 수도 있다. 그렇다면 지금 당장 시작되고 있는 현재의 변화를 예로 들어 이야기해 보기로 하자.

2018년 9월 국내 최고의 자동차 그룹에서 전무로 승진하고 계열사 대표이사로 내정된 사람은 자동차나 영업 전문가가 아니라 IT

전문가였다. 그룹 관계자는 4차 산업혁명 등 미래 산업의 패러다임 전환기를 맞아 그룹의 미래 경쟁력을 강화하기 위한 차원에서 자율주행, 커넥티드 카 등 미래의 스마트 카 개발을 위해 IT 전문가를 발령했다고 발표했다. 이제 모든 산업에서 핵심 기술은 소프트웨어가 되었음을 잘 보여준 사례이다. 즉, 소프트웨어를 제대로 이해하지 못한 사람은 산업 현장에서 살아남을 기회가 줄어들 수밖에 없다. 이 것은 동시에 소프트웨어를 이해하는 사람이 이 놀라운 격변의 시대에 주인공이 되는 것을 뜻한다. 그렇다고 모든 사람이 소프트웨어를 전공해야 한다는 주장은 결코 아니다. 바로 자신의 분야에서 소프트웨어를 통한 문제해결을 제시할 수 있는 '융합적 문제해결자'가 되어야 한다는 뜻이다.

그렇다면 구체적으로 직업의 세계가 어떻게 변화하는지 자세히 살펴보기로 하자. 4차 산업혁명의 개념을 제시한 세계경제포럼이 선진국 15개국의 일자리를 대상으로 조사한 보고서에 의하면, 2020년까지 4차 산업혁명으로 인하여 사무직 및 관리직종 475만 9천 개의 일자리가 줄어들 것으로 전망된다. 그 뒤를 이어 제조 및 생산 분야 역시 일자리 160만 9천 개가 없어질 것으로 예상하였다. 이는 가까운 미래에 수많은 일자리가 컴퓨터 또는 로봇으로 대체되는 것을 뜻한다. 물론 사라지는 일자리가 있다면 새롭게 생겨나는 일자리도 있을 것이다. 새롭게 생겨나는 일자리는 지금까지 우리가 경험하지 못한 새로운 일자리가 될 것이며, 소프트웨어와 연관된 것임이 분명하다.

우리나라는 지금 청년 실업 문제가 심각한 사회문제 중 하나이다. 이러한 변화의 시대에 4차 산업혁명을 준비하지 않는다면, 4차 산업혁명은 충격파 그 자체가 될 것이다.

4차 산업혁명이라는 새로운 혁신은 정치, 사회, 경제, 문화 등 우리 삶의 모든 분야에서 변화를 불러오고 있다. 대한민국은 4차 산업혁명을 통하여 현재와 미래에 대응하고자 다양한 정책과 수많은 전략을 쏟아내고 있는 상황이다. 이런 흐름에서 4차 산업혁명의 커다란 물결을 외면한 채 이 땅에서 살아가려는 생각은 적절하지 않다. 정부에서도 4차 산업혁명의 대비와 소프트웨어의 중요성을 인식하여 초등학교 과정에 소프트웨어 교육을 정규수업으로 포함시켰다. 학생들은 학교에서 코딩을 교육받고 학습하여 미래 컴퓨팅 사고력을 키우고 있다.

성인들은 변화하는 세상에 막연히 두려움을 갖지 말고 4차 산업혁명에 대한 이해도를 높이고 소프트웨어의 개념을 미리 습득하여 미래를 준비한다면, 새로운 혁명의 물결에 휩쓸려 도태되는 것이 아니라 당당히 새로운 혁명의 시대를 맞이하는 주인공이 될 수 있을 것이다.

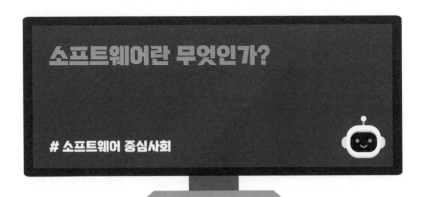

소프트웨어란 무엇인가?

소프트웨어 중심사회

소프트웨어 중심사회는 사회 모든 영역에서 소프트웨어가 중심이 되어 생산성을 향상시키고, 효율적인 사회를 이루는 것이다. 그렇다면 사회 모든 영역의 중심에 있으며, 새로운 혁명의 중심에 있는 소프트웨어란 과연 무엇인가? 앞에서 시스템 소프트웨어인 운영체제와 그 운영체제의 도움으로 살아가는 응용 소프트웨어에 대하여 설명하였다. 그것은 소프트웨어의 종류에 해당하는 것이었고, 컴퓨터 시스템의 꽃이라는 소프트웨어의 정체는 도대체 무엇이란 말인가?

　간단히 정의하자면, 소프트웨어는 물리적 실체가 없이 컴퓨터, 스마트폰 등 다양한 기기를 작동시키는 역할을 담당하는 프로그램이다. 그러면 프로그램은 무엇이라 정의할 수 있는가? 우리는 프로그램이란 말을 TV 프로그램 또는 행사 프로그램 등에서 이미 일상적으로 사용한다. 프로그램은 지시 사항들이 나열된 순서를 뜻한다. 즉, 소프트웨어는 컴퓨터가 처리할 명령어의 순서를 나열한 것으로, 명령어의 유한 집합이라고 정의할 수 있다. 컴퓨터 또는 스마트폰과 같은 다양한 디바이스를 활용하여 문제를 해결하기 위하여 명령문을 작성해 놓은 것이 소프트웨어이다. 따라서 우리에게 발생하는 다양한 문제를 해결하기 위해 소프트웨어적 해결책이 필요하며, 소프트웨어 기술과 더불어 문제해결을 위한 논리적 사고력이 요구된다.

예를 들어 은행 업무를 생각해보자. 예전에는 은행 업무를 하려면 반드시 은행에 가서 업무를 처리해야 했지만, 요즘은 은행에 직접 가야할 일은 계좌 개설 같은 특별한 업무에만 국한된다. 지급, 이체 같은 모든 업무를 스마트폰에서 처리할 수 있기 때문이다. 스마트폰에서 이런 업무를 처리할 수 있는 것은 관련된 은행 앱(App) 즉, 소프트웨어가 설치되어 있기 때문이다. 프로그램 개발자가 구성한 명령어를 처리하여 은행 업무가 처리되는 것이다. 그런데 만약 A라는 사람의 계좌로 돈을 보내는 작업을 지시했는데, B라는 사람에게 보냈다면 어떻게 되겠는가? 아무도 그 은행을 신뢰하지 않고 거래도 하지 않을 것이다. 다시 말하여, 은행 사용자가 원하는 작업을 정확하게 처리할 수 있는 프로그램을 만들어야 하며, 이러한 작업은 사

고력을 요구하는 것이다. 반대로 은행에 가서 번호표를 받고 긴 대
기 시간을 낭비하고 싶지 않은 사람은 은행 앱을 설치하여 소프트웨
어의 도움으로 업무를 처리하고 싶을 것이다. 그런데 소프트웨어의
개념을 이해하지 못한다면 앱을 사용하여 업무를 정상적으로 처리
하기 힘들 것이다. 결론적으로 소프트웨어 사용자는 소프트웨어의
개념을 이해할 수 있어야 하며, 소프트웨어 개발자는 당연히 소프트
웨어 프로그래밍 기술이 있어야 하는 것이다.

    소프트웨어 중심사회는 우리가 눈뜨는 순간부터 소프트웨어와
접하며 살아가는 세상이다. 아침에 스마트폰 알람으로 눈을 뜨고, 학
교나 직장으로 이동하기 위하여 교통카드를 사용하여 교통비를 지

불하며, 편의점에서 물건을 구입할 때는 카드 또는 카드 없이 결제할 수 있는 스마트폰 결제를 한다. 저녁시간 문화생활을 위하여 스마트폰으로 영화표를 예매하고, 영화 상영 전 간단히 햄버거를 먹기 위하여 방문한 패스트푸드점에서는 직원에게 주문하지 않고 키오스크를 통하여 주문을 한다. 그리고 늦은 시간 카카오택시를 불러 귀가하며 하루를 마무리한다.

이 모든 과정은 소프트웨어의 처리가 없다면 이루어질 수 없다. 우리가 무의식적으로 호흡하며 살아가고 있는 것같이, 우리가 의식적으로 인지하고 있지 않아도 매 순간 소프트웨어와 함께 살아가고 있는 것이다. 우리의 삶 속 깊숙이 자리 잡은 소프트웨어가 어떻게 만들어 지는지에 대해서는 3부 소프트웨어의 탄생 부분에서 언급하기로 하자.

한 권으로 시작하는 소프트웨어

모든 것들이 정보를 제공한다

사물인터넷(IoT)

소프트웨어 기술이 물건에 생명력을 불어넣어 주었다. 물건을 인터넷에 연결하는 사물인터넷(Internet of Things: IoT) 기술을 통하여 다양한 서비스를 제공할 수 있게 되었다.

사물인터넷(IoT)은 인터넷을 기반으로 모든 사물을 연결하여 정보를 상호 소통하는 지능형 기술 및 서비스를 의미한다. 예를 들어 IoT 기반의 냉장고를 생각해 보기로 하자. 요리를 하려는 사람이 조리법을 물어보면 냉장고가 조리법을 알려주고, 식재료가 떨어져 구입해야 되는 물품은 음성으로 온라인 쇼핑을 할 수 있도록 지원한다. 나아가 요리를 하다 음악이 듣고 싶은 경우 음성으로 명령하면 음악을 들려준다. 이러한 스마트 냉장고는 사용자 음성 인식으로 축

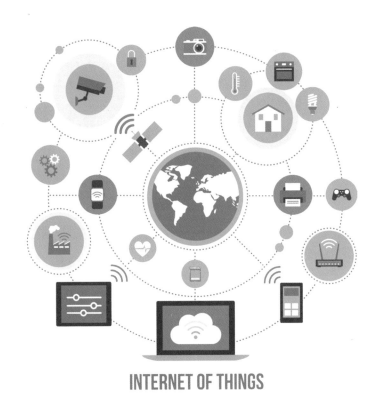

INTERNET OF THINGS

적된 자료를 기반으로 정보를 처리하고, 최상의 서비스를 제공하는 것을 목표로 삼는다. 음식을 보관하는 기능만 가진 냉장고에서 획기적으로 변신한 것이다.

IoT가 지원되는 스마트 홈의 경우 침대와 실내등이 연결되어 있고, 침대에 누워서 책을 읽다가 잠이 들면 침대 스스로 사람의 움직임 및 호흡 등의 정보를 통하여 사람이 자고 있는지 인지한 후 실

한 권으로 시작하는 소프트웨어

내등이 꺼지도록 침대와 실내등이 대화하는 것이다. 그렇다면 이러한 기능은 어떻게 가능한 것일까? 핵심적인 기술은 바로 센서(sensor)이다. 센서를 통하여 자료를 획득하고 자료를 기반으로 서버에 연결된 다른 디바이스에 명령을 보내면 상대 디바이스가 자신에게 전송된 명령을 실행하는 것이다. 소프트웨어가 담당하는 부분은 자신에게 보내진 입력 데이터를 기반으로 사람의 상황을 판단하는 것이고, 그 상황이 이전 상태에서 변화되어 새로운 조치가 요구되는 경우 해당 디바이스를 조작하는 것이다.

현재 우리나라에서 사용되고 있는 IoT 기술의 응용 분야는 크게 다섯 가지로 구분된다. 각 응용 분야의 예는 다음과 같다.

- **차량관제**: 컨테이너 또는 화물차의 위치 추적
- **원격관제**: 원격 검침 또는 도로 시설 감시
- **무선결제**: 음식 배달원의 휴대용 결제 단말기
- **태블릿PC**: 물류관리 및 보험 설계사의 휴대용 태블릿 디바이스
- **웨어러블**: 아동 및 치매환자 위치 추적 장치

🖉 여기에 스마트 홈을 위한 분야가 급격히 추가되고 있다. 사물인터넷은 각 디바이스마다 별도의 인터넷 회선수를 할당해야 하는 문제가 있다. 가정에서 보편적으로 사용하고 있는 무선공유기로 감당하기에 스마트 홈 시스템은 다소 버거울 수 있다. 또한 보안상의 문제가 발생할 수 있다. 사물인터넷 기술은 확장을 도모하여 보편화되고 있지만, 아직 부수적인 문제는 체계적으로 해결하지 못하고 있는 실정이다. 소프트웨어 발전으로 많은 서비스 제공이 가능하지만, 그로 인해 발생되는 추가적인 문제에 대한 심도 있는 문제해결 방법이 요구되는 상황인 것이다.

또한 사물인터넷에 관련하여 대처하는 기업들의 반응이 우리에게 교훈으로 남을 수 있다. 국내 냉장고 제조 산업을 이끄는 양대 대

기업은 앞다투어 IoT 냉장고를 출시하였으며 그 가격대는 현재 천만 원에 육박한다. 이것은 일반 서민이 감당하기에는 버거운 수준이라 할 수 있다. 반면 미국의 A기업은 'IoT Button'의 개념으로 클라우드 프로그래밍이 가능한 작은 버튼을 세상에 내놓았다. 이 버튼은 그 어떤 디바이스라도 연결하여 원격으로 제어하고 서비스를 받을 수 있다. 클라우드에서 버튼이 발생하는 내용을 분석하여 클릭한 수를 세서 원하는 만큼의 주문을 처리할 수 있고, 누군가를 호출하거나 경고를 보낼 수도 있고, 무엇이든 시작하거나 중지시킬 수 있으며 피드백도 제공할 수 있다. 예를 들어 버튼을 클릭하면 자동차 도어를 잠금 해제하거나 시동을 걸 수 있고, 또는 택시를 부를 수도 있으며, 가전제품을 원격으로 제어할 수도 있다. 각종 디바이스를 조작할 수 있는 만능 리모컨이라 해도 무방한 것이다. 사용자가 스스로 규칙을 설정하고 버튼을 누르는 방식에 따라 이벤트를 구성하여 사용하는 것이다.

4차 산업혁명의 원동력은 바로 '데이터'이다. 데이터를 가진 자가 세상을 지배할 수 있다. 이러한 관점에서 볼 때 우리나라는 데이터를 관리해 주는 값으로 엄청난 비용을 요구하였다. 그러나 미국 A기업의 경우 저렴하고 작은 버튼 하나로 세상의 다양한 데이터를 본인이 취합할 수 있는 방식으로 접근하였다. 사용자 스스로 데이터를 A기업에 제공하여 사람들이 어떤 방식으로 생활하며 어떤 자료들을 처리하고 있는지 알 수 있게 하는 것이다. 이 기업은 다음 서비스를 대비할 수 있는 자료를 수많은 사람들에게서 자발적으로 제공 받은 것이다.

과연 어느 기업이 마지막에 웃을 수 있을까? 이것은 지금 소프트웨어에 관심을 가지고 미래를 준비하고 있는 모든 소프트웨어 개발자에게 중요한 도전점을 시사하고 있다. 우리의 머릿속에서 나오는 제한된 데이터를 활용하는 서비스와 우리의 생활 방식을 분석하여 어떠한 상황에서도 서비스가 가능하도록 미래를 대비하는 접근법 중, 과연 어떤 방식이 세상에 편리함과 유익함을 더 제공할 수 있을 것인지 생각해야 한다. 당장의 이윤에 만족하는 기술력을 사용한다면, 그 기술력은 결코 오래 지속되지 못할 것이다. 그러나 미래를 대비하여 데이터의 가치를 높이 평가하고 대비한다면, 미래의 어떤 상황에서도 굳건히 대처할 수 있을 것이다.

정보를 받아들일 길을 열어 주세요!

5G # 네트워크

사물인터넷 기술을 사용하려면 인터넷 즉, 네트워크가 필수적이다. 지금 우리는 5세대 이동 통신 기술인 5G 시대를 준비하고 있다. ✎진정한 5G 시대가 열리면, 기가비트급 속도를 바탕으로 자율주행 자동차와 사물인터넷, 무선 광대역 등 다양한 분야에서 혁신이 일어날 것이라 예측하고 있다.

  그렇다면 현재 우리가 사용하는 LTE(Long Term Evolution) 이동 통신에 크게 불만이 없는데, 왜 5G 시대를 준비하는 것일까? 이동 통신 시스템 사용자가 데이터를 소비하는 추세를 고려할 때, 머지않아 네트워크 용량에 한계가 올 것이다. 또한 4차 산업혁명으로 인하여 새롭게 등장하고 있는 다양한 분야에서 공통적으로 네트워크 연결이 필수적인 점을 반영한다면 5G 시대는 필수라고 할 수 있다. 5G 다운로드 속도는 일반 LTE에 비하여 280배 더 빠른 수준이고, 4G보다 70배 빠른 수준으로 개선된다. 이것은 1GB(Giga Byte) 영화 한 편을 10초 안에 다운로드할 수 있을 뿐 아니라, 크리스마스 때 번화가처럼 사람들이 엄청나게 많이 모이는 장소에서도 데이터 끊김 현상 없이 문자메시지나 데이터 전송을 가능하게 할 수 있다. 또한 고화질의 UHD 영상도 쉽게 즐길 수 있으며, 가상현실(VR) 콘텐츠 등과 같이 용량이 커서 먼저 다운로드 받은 후 사용하였던 콘텐츠 등을 네트워크상에서 바로 즐길 수 있게 할 것이다. ✎ 결론적으로 세상을 연결하고 정보들이 다닐 수 있는 길을 활짝 열어 주는 기술이 바로

5세대 이동 통신이 연결하는 세상

한 권으로 시작하는 소프트웨어

5G, 즉 5세대 이동통신 기술이다. 이를 통하여 모든 것이 진정 하나로 연결될 수 있다.

핸드폰이 음성 통화만 가능했던 아날로그(analog) 시대를 1G(1st Generation)라 하였다. 그 이후 디지털(digital) 방식의 이동 통신 시스템인 2G 시대가 왔으며, 2G 기술은 음성과 문자를 전송할 수 있었다. 이어서 음성, 문자와 더불어 동영상 등 다양한 비음성 데이터도 전송하며 다운로드할 수 있는 3G 시대가 도래하였다. 3G의 접속 방식은 CDMA 2000(Code Division Multiple Access: 코드 분할 다중 접속)과 WCDMA(Wideband Code Division Multiple Access: 광대역 부호 분할 다중 접속)를 거쳐서 와이브로(Wireless Broadband: WiBro, 이동하면서 초고속 인터넷을 이용할 수 있는 무선 휴대 인터넷[Portable Internet]의 명칭) 방식으로 변천하며 최대 10Mbps(10 Mega bits per second: 1초에 최대 10M 비트 전송)로 전송 속도가 빨라졌다.

그리고 4세대 이동 통신에 해당하는 4G로 접어들면서 무선 이동 통신 기술은 초광대역 인터넷 연결 및 게임 서비스와 스트리밍 멀티미디어 서비스들을 포괄적으로 제공하는 기술력을 제공하게 되었다. 전송 속도는 100Mbps에서 1Gbps까지 가능하도록 개선되었다. 물론 1Gbps는 이론적으로

여기서 잠깐!
b라고 소문자로 표시하면 bit를 의미하고, B라고 대문자로 표시하면 byte를 의미한답니다!

가능할 뿐 실제 데이터 전송 속도에서는 나오기 힘들다. 일반적으로 우리에게 익숙한 LTE를 4G에 해당한다고 하지만, 4G의 기술은 단순 LTE가 아닌 LTE-Advanced에 해당하여 일반 LTE보다 조금 앞선 이동 통신 기술에 해당한다. 비록 온전한 4G가 아닌 pre-4G의 이동 통신 기술이라 할지라도, 3G 이동 통신에 비하면 기술적으로 상당히 발전된 통신 기술인 것은 분명하다.

　이제 세상은 4G를 넘어 5G의 시대를 준비하고 있다. 미국의 구글을 선두 주자로 중국의 알리바바 등 전 세계 네트워크 사업자들이 앞다투어 5G 서비스를 위하여 변신하고 있다. 여기서 우리는 노키아 또는 모토로라처럼 핸드폰 제조 선두 기업들의 현 위치를 교훈

한 권으로 시작하는 소프트웨어

으로 삼아야 한다. 두 회사는 변화하는 기술 혁신에 대비하지 않고 보유하고 있는 기술력에만 의지하다, 지금은 스마트폰 업계에서 아무도 인정해 주지 않는 기업이 되어 버렸다.

세상을 하나로 연결할 수 있는 기술은 명실공히 글로벌 세상을 이루는 기술이다. 즉 4차 산업혁명으로 가는 고속도로를 건설하는 작업인 것이다. ✎5G 없이 진정한 4차 산업혁명은 이루어질 수 없다. 5G 환경에서 기업은 대한민국 안에서만 기회를 얻는 것이 아니라 전 세계를 대상으로 기회가 열린다. 우리만의 좁은 세상에 갇혀서 세상에 열린 기회에 눈 먼 상태로 살아갈 것인지, 세계를 무대로 엄청난 꿈을 펼쳐 나갈 것인지 스스로 결정해야 한다. 물론 개인의 의지로 5G 세상이 열릴 수는 없다. 국가가 이를 지지해야 하며, 대기업이 앞장서야 한다. 그러나 이러한 변화를 요구하는 것은 국민 한 사람 한 사람의 의무일 것이다. 국민이 소프트웨어 세상의 중심에 설 수 있도록 하는 인프라의 책임은 국가와 대기업의 사명이다. 또한 개개인은 국가와 기업이 투자하여 제공하는 초연결 상태의 세상을 맞이할 준비를 해야 한다.

✎5G는 단순히 스마트폰의 서비스 향상이 아니라 수많은 인공지능과 연결시키고, 수많은 로봇과 연결되고, 자율주행 자동차 등 세상의 모든 소프트웨어와 연결해 주는 도구를 우리에게 선물하는 것이다. 그저 도구를 가지고 있다고 혁신 기술의 도움을 받는 것이 아

니다. 도구를 목적에 맞게 사용할 때, 혁신 기술이 자기 능력에 포함되는 것이다. 자, 모두 세계를 움직이는 도구를 사용할 준비가 되어 있는가?

한 권으로 시작하는 소프트웨어

정보들이 계속 쌓여가요!

빅데이터

사물인터넷이 정보를 쏟아내고, 5G 네트워크 기술로 이 모든 데이터를 수집하는 데 어려움이 없다면, 정보가 경쟁력인 이 시대에서 그 정보를 축적하는 것은 당연한 현상이다. 빅데이터는 데이터의 양(Volume)이 방대하고, 생성 주기(Velocity)가 짧으며, 데이터의 종류가 수치 데이터뿐 아니라 문자와 영상 등 다양한 비정형 데이터(Variety)를 포함하는 대규모 데이터를 뜻한다. 약자를 따서 3V로 상징화할 수 있다.

✎빅데이터는 인터넷에 쌓여가는 사람들의 의견과 SNS를 통하여 사람들이 나누고 있는 다양한 주제에 대하여 분석하고 예측하여 새로운 정보를 유추하고 가치를 창조할 수 있는 기술이다. 즉, 다양

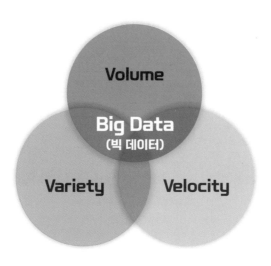

한 형태의 데이터를 수집하고, 저장하고, 관리하고, 분석하는 역량을 넘어서 3V의 특징을 갖는 데이터로부터 가치를 추출하고 분석하는 기술 모두를 포함하여 빅데이터라고 한다.

소프트웨어 중심사회가 되면서 각 분야에서 사용되고 있는 소프트웨어들은 사람들이 소프트웨어를 사용하며 남긴 자료를 디지털로 저장할 수 있게 되었다. 예를 들어 인터넷 쇼핑몰의 경우 실제 판매가 이루어지는 품목과 고객이 자주 구매한 물품의 정보가 저장 관리되는 것은 물론이고, 구매가 이루어지지 않더라도 관심 있게 검색한 항목 및 선호하는 브랜드 등에 대한 정보가 저장된다. 이것을 토대로 고객에게 맞춤형 광고를 제공하여 판매를 유도하고 수익을 극대화할 수 있도록 축적된 정보를 활용하는 것이다.

한 권으로 시작하는 소프트웨어

2008년 미국 대통령 선거에서 버락 오바마는 빅데이터 분석 결과에 따라 유권자 지도(map)를 작성하여 유권자가 원하는 맞춤형 전략을 내세워 선거에서 승리하였다. 2016년 미국 대통령 선거에서 힐러리 클린턴과 도널드 트럼프의 대결은 트럼프의 승리로 끝났으며, 동시에 언론사와 빅데이터와의 대결에서는 빅데이터가 승리하였다. 여러 언론사들은 '여론조사'를 통해 클린턴의 당선을 예측하였으나, SNS를 통하여 수집한 '빅데이터 분석'은 트럼프의 승리를 예상하였다. 이는 매우 의미심장한 결과이다.

✎빅데이터의 활용 범위는 개인적 쇼핑 성향 분석에서부터 대통령 선거 전략까지, 우리 삶에 관계되는 모든 영역으로 확장되고 있다. 이전에는 의미 없이 버려졌던 데이터가 이제는 분석의 대상으로 그 가치가 상승되었다. 민간 부문의 빅데이터 분석은 이윤 창출 또는 개인의 목적 등 활용 범위가 개인 또는 기업에 맞추어져 있다. 그러나 빅데이터는 민간 부문뿐 아니라 공공 부문에서도 활용되고 있다. 정책 결정 등 공공 행정 부문에서도 사용된다. 치안이 좋다고 인정받고 있는 싱가포르의 경우, 보안 및 위험관리 분야에 빅데이터를 활용하고 있다. 미국 연방수사국 FBI는 빅데이터를 활용하여 범죄자들의 DNA 데이터를 관리하고 범인 검거에 걸리는 시간을 단축하고 있다. 또한 빅데이터는 정부 차원의 질병 관리 등 국민 안전을 위해 활용되고 있다. 결론적으로 모든 분야에서 빅데이터가 활용되고 있으며, 빅

데이터를 분석하여 데이터가 나타내는 의미를 읽는 사람이 미래를 대비하고 우위를 선점할 수 있다.

　빅데이터는 단순한 자료의 집합이 아니라 분석하여 의미를 제시하는 개념으로 확장되면서 '데이터 사이언스'(data science)가 주목받고 있다. 데이터 사이언스에 가장 많이 사용되고 있는 프로그래밍 언어는 'R'과 'Python'(파이선)이다. R은 통계에 강하고, Python은 누구나 쉽게 할 수 있는 일반적 프로그래밍 부분에 추가적으로 이미 개발된 다양한 모듈들을 사용하여 분석 및 자료의 시각화까지 구현할 수 있다. 　다시 말하면, 빅데이터 분석을 하려면 소프트웨어 개발 기술이 필요하다. 물론 빅데이터 분석가에게 분석을 의뢰할 수도 있다. 하지만 방대한 자료에서 의미를 뽑아내는 것은 해당 자료에 대해서 전문가인 경우 그 결과가 훨씬 만족스럽게 나올 수 있다. 특정 분야의 전문가이거나 앞으로 어떤 특정 분야의 전문가가 되기를 희망한다면 코딩을 배워서 자신이 직접 그 분야에 축적된 자료들을 분석하여 새로운 가치를 창출하라고 권하고 싶다. 자료는 거짓말을 하지 않는다. 그러나 자료를 바라보는 관점이 잘못되어 있다면 자료를 왜곡해서 바라보게 된다. 자료의 탄생부터 처리, 분석까지 자료의 모든 과정을 이해하고 대응할 수 있는 진정한 전문가로 성장하기 위해 소프트웨어 개발은 필수인 셈이다.

정보를 함께 모아두기로 해요!

클라우드 컴퓨팅

빅데이터를 관리하는 개인이나 기업뿐 아니라 컴퓨터 기반의 작업을 처리하는 경우, 컴퓨터 시스템을 유지·보수·관리하기 위하여 엄청난 비용이 필요하다. 특히 자료를 저장하고 활용하기 위한 서버 구매와 설치, 업데이트, 소프트웨어 구매 등의 비용과 더불어 이 모든 작업을 관리할 시간과 인력이 필요하다. 전산실을 별도로 운영하려면 에너지 비용도 간과할 수 없다. 컴퓨팅 자원을 각자 확보하여 사용하는 대신 이러한 서비스를 제공하는 사이트를 통하여 서버를 사용한다면 비용과 시간 및 인력, 그리고 에너지까지 절감할 수 있는 일석사조의 효과를 얻을 수 있다. 이것을 가능하게 하는 것이 바로 클라우드 컴퓨팅(Cloud Computing)이다.

　　클라우드 컴퓨팅은 클라우드 서비스를 제공하는 사이트를 통하여 프로그램 또는 데이터 및 다양한 콘텐츠를 네트워크상의 서버에 저장하여 언제 어디서나 자신이 원하는 IT 관련 서비스를 사용할 수 있는 컴퓨팅 환경이다. 클라우드 컴퓨팅 사용자가 자신의 컴퓨터에 자료를 저장하여 사용하는 대신, 인터넷상의 서버에 자료를 저장하여 특정 기기에 국한된 것이 아닌 각종 IT 기기를 통하여 자신의 자료에 접근할 수 있는 개념인 것이다.

　　✎ 클라우드(cloud)는 소프트웨어와 데이터가 저장된 서버들의 네트워크를 의미하며, 구름처럼 특정한 형태가 없다는 뜻을 가진다. 컴퓨팅 환경을 사용하는 이용자 입장에서는 형태가 없는 가상의 공

한 권으로 시작하는 소프트웨어

간에 소프트웨어와 데이터를 저장한다는 뜻이다. 구글의 CEO 에릭 슈미트는 기조연설을 통하여 클라우드 컴퓨팅이 IT 산업의 패러다임을 바꿀 것이라고 언급한 바 있다. 실제로 구글이 제공하는 클라우드 컴퓨팅 환경을 통하여 개인 컴퓨터나 태블릿PC 또는 스마트폰 등 휴대용 IT 기기로 손쉽게 자신의 데이터와 각종 서비스를 사용할 수 있게 되었다. 이용의 편리성이 높고 산업적 파급효과 또한 매우 높아서 IT 통합 관리 모델로 자리매김하고 있다.

개인 컴퓨터에 자료를 보관하는 경우 하드 디스크 장애 또는 각종 컴퓨터 바이러스로 인하여 자료가 손실될 수 있지만, 클라우드 컴퓨팅 환경에서는 전문 서버 관리 업체가 자료를 관리하므로 안전하게 자료를 보관할 수 있다. 또한 저장 공간의 제약도 해결할 수 있다. 가장 매력적인 점은 언제 어디서나 자신의 자료를 사용할 수 있다는 점이다. 물론 클라우드 컴퓨팅 서비스를 제공하는 서버가 해킹을 당해 소중한 자료 및 개인 정보 등이 유출될 수 있고, 서버 또는 인터넷 장애가 발생한다면 이용이 불가능하다는 문제점이 있기는 하다. 그러나 이는 개인 컴퓨터에서도 일어날 수 있는 문제들이며, 자신이 관리하는 경우보다 발생 확률이 낮으므로 클라우드 컴퓨팅을 사용하는 것이 더 현명한 선택인 것은 확실하다.

미국의 대표적 신문사 《뉴욕 타임스》의 경우, 아마존 클라우드 서비스를 활용하여 130년 동안 쌓아온 신문기사를 온라인으로 데이

(출처: https://www.nytimes.com)

터베이스화하였다. 신문기사 1,100만 장의 스캔 자료를 아마존 온라 인 스토리지에 저장하는 어마어마한 작업을 실행한 것이다. 만약 이 러한 작업을 신문사 자체 서버를 이용하여 직접 진행하였다면 무려 14년이 소요되는 엄청난 작업이었을 것이다. 그러나 클라우드 서비 스를 활용하여 24시간을 넘기지 않고 작업을 완료하였다. 또한 아마 존에 지불한 서버 사용료는 240불에 불과하였다. 이와 같이 비용도 경제적이면서 업무 공간이 인터넷으로 확대되어 시간과 공간의 제 약을 극복해 업무의 효율성 또한 극대화할 수 있는 장점이 있으니, 클라우드 컴퓨팅은 꼭 필요한 선택인 것이다.

클라우드 컴퓨팅 환경을 사용하는 경우 100명의 직원이 각자의 컴퓨터에 설치해야 할 소프트웨어를 서버에 설치하여 함께 공유할 수 있다. 따라서 소프트웨어 판매가 줄어들 수 있다. 이러한 컴퓨팅 환경의 변화는 소프트웨어 판매 기업에도 변화를 가져왔다. 마이크로소프트사의 경우, 이전에는 소프트웨어 판매를 통한 수익 창출을 도모하였으나 클라우드 컴퓨팅 시대로 전환됨에 따라 소프트웨어 이용을 수익모델로 적용하고 있다.

이처럼 빠른 속도로 컴퓨팅 환경이 변화되고 있다. 가상화와 분산 처리의 기술이 이러한 변화를 가능하게 하였다. 가상화 기술은 실질적으로는 정보를 처리하는 서버가 한 대이지만, 여러 개의 작은 서버로 분할해 동시에 여러 작업을 가능하게 하는 기술이다. 가상화 기술을 통하여 서버의 효용성을 높일 수 있다. 분산 처리 기술은 여러 대의 컴퓨터에 작업을 나누어 처리하고, 그 결과를 통신망을 통해 다시 모으는 방식의 기술에 해당한다. 분산 시스템은 여러 대의 컴퓨터로 구성되어 있는 시스템을 마치 한 대의 컴퓨터 시스템인 것처럼 작동시켜 규모가 큰 작업도 빠르게 처리할 수 있다. 이 두 가지의 핵심 기술이 클라우드 컴퓨팅 환경에서도 여러 명이 함께 컴퓨팅 작업을 가능하도록 지원하는 것이다.

일반적으로 우리는 제공되는 서비스를 사용하는 것만으로 만족하며, 그 원리나 기술에 대해서는 큰 관심을 가지지 않는다. 이것은 마치 우리가 비행기를 타고 먼 곳으로 이동하는 경우에도 비행기를 조종하는 법까지 알 필요는 없는 것과 마찬가지이다. 그런데 만약 내가 전용기를 소유하고 있으며 어디든 떠나고 싶다면, 당연히 비행기 조종법을 배우고 싶지 않을까? 비행기 조종법을 모르는 사람이라면 조종사가 확보되는 경우에만 비행기를 사용할 수 있을 것이다. 그러나 조종법을 아는 사람은 어떠한 제약 없이 자유로이 자신의 비행기를 사용할 수 있을 것이다. 지금 컴퓨팅 환경은 개인이 모두 비행기를 소유할 수 있도록 지원하는 것과 마찬가지로 컴퓨팅 환경의 제한 없이 하고 싶은 모든 것은 인터넷상에서 작업할 수 있다. 이러한 변화 속에서 개인 컴퓨터만을 사용하며 구시대적 접근법으로 컴퓨팅 작업을 하고 있다면, 결코 변화하는 시대의 주인공이 될 수 없을 것이다. 여러분도 주인공이 될 수 있다. 당장 소프트웨어를 이해하고 관련 기술들을 이해하여 무한 가능성에 도전하는 것부터 시작하라!

정보들이 스스로 답을 찾아요!

인공지능 # 머신러닝

컴퓨터의 기반을 닦은 천재 수학자 앨런 튜링(Alan Turing)은 죽기 전까지 '인간의 뇌와 비슷한 기능을 하는 기계를 만들 수 있을까'라는 질문에 매달렸다. '인간의 뇌와 비슷한 기능', 과연 이 문제의 답은 4차 산업혁명의 시대로 접어드는 이 시점에서 찾을 수 있을까?

그 답은 바로 '인공지능'이다. ✎ 인공지능(Artificial Intelligence)은 인간이 아닌 존재가 인간과 같은 지능을 가지도록 하는 기술이다. 더 자세히 설명하자면, 인공지능은 자연어 이해능력과 더불어 지식을 수용하는 인지기능, 지식을 축적하는 학습기능, 지식을 활용할 수 있는 추론기능(판단기능)을 컴퓨터 프로그램으로 부여하여 행동하게 하는 기술이다. 즉, 자연어를 이해하여 인지, 학습, 추론(판단) 기술을 바탕으로 문제해결 방법을 찾고 실질적으로 반영하여 문제를 해결하는 것이다.

그렇다면, 자연어를 어떻게 이해할 수 있는 것일까? 바로 음성과 문장 구성의 패턴을 인식하여 자연어를 알아들을 수 있는 것이다. 마치 인간이 반복된 패턴을 통하여 학습하는 것과 같이 인공지능에서도 패턴 인식은 중요한 기술 중 하나이다. ✎ 인간이 문제해결을 위하여 정보를 인지하고, 문제해결의 답을 찾기 위하여 학습하며,

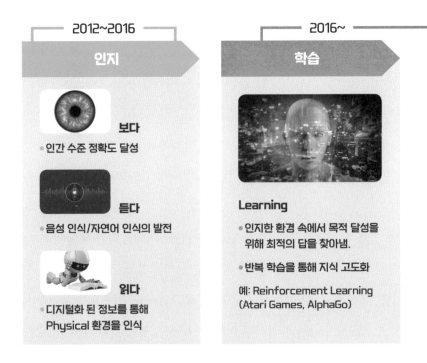

한 권으로 시작하는 소프트웨어

학습된 내용을 근거로 결과를 추론하고 행동하여 문제해결을 하는 과정과 유사하게 인공지능의 혁신도 이루어져 왔다. 인공지능의 혁신적인 진화는 아래 표와 같다.

2016년에 있었던 알파고(AlphaGo)와 이세돌 기사의 바둑 대결로 세계적으로 인공지능에 대한 관심이 높아졌다. 그러나 사실 인공지능은 방대한 데이터를 관리할 방법이 없어서 오랜 침체기를 거치며 과학자들로부터 외면당해 왔다. 그러다가 클라우드 컴퓨팅 기술

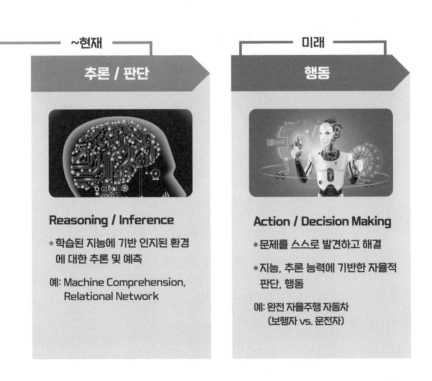

~현재	미래
추론 / 판단	**행동**
Reasoning / Inference	**Action / Decision Making**
• 학습된 지능에 기반 인지된 환경에 대한 추론 및 예측	• 문제를 스스로 발견하고 해결
	• 지능, 추론 능력에 기반한 자율적 판단, 행동
예: Machine Comprehension, Relational Network	예: 완전 자율주행 자동차 (보행자 vs. 운전자)

한 권으로 시작하는 소프트웨어

의 발전과 빅데이터를 활용한 딥러닝 기술이 구현되면서 극적인 전환기를 맞게 된 것이다. 명실공히 4차 산업혁명의 핵심 기술로 인공지능이 부상하게 된 것이다. 검색 엔진 등을 통하여 방대한 양의 데이터를 수집할 수 있게 되었고, 기계학습을 가능하게 하여 수많은 데이터를 분석하고, 인공지능 스스로 학습하는 방식으로 진화할 수 있게 된 것이다. ✎인공지능 중 컴퓨터가 스스로 배울 수 있는 능력을 부여하는 것을 기계학습(Machine Learning)이라고 한다. 사람이 학습하는 것과 같이, 컴퓨터에게 데이터를 주고 스스로 학습하게 하여 새로운 지식을 찾아갈 수 있게 하는 분야에 해당한다. 예를 들어 다양한 고양이 사진을 보여주며 '고양이'라고 학습하도록 한 후에 또 다른 고양이 사진을 보여주면, 컴퓨터 스스로 이를 고양이 사진임을 추론해 내는 것이 기계학습에 해당한다.

학습할 데이터가 많으면 많을수록 추론의 결과가 만족스럽게 나올 수 있다. 학습하고 추론을 통한 문제해결에 접근할 때 찾고자 하는 답이 설정되어 있다면 그것은 기계학습의 범주 안에 있는 것이다. ✎그러나 학습에 사용할 데이터를 빅데이터로 적용하여 데이터를 수집한 후 사전 처리를 거친 후 최적화된 문제해결을 찾는 방식으로 학습효과를 극대화하는 방식을 딥러닝(Deep Learning)이라고 한다. 인공지능과 기계학습, 딥러닝의 관계도는 다음 그림과 같이 정리할 수 있다.

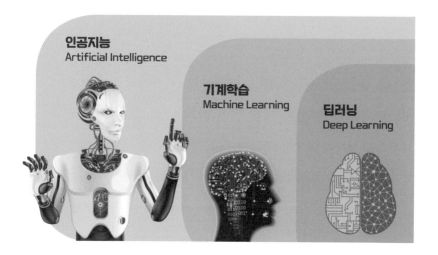

　　자연어 처리를 지원하는 인공지능의 발달로 외국어를 몰라도 통역프로그램을 사용하면 편리한 의사소통이 가능한 시대가 열린 것이다. 인공지능을 이해하고 사용하여 다양한 외국어를 제약 없이 사용하고 싶은가, 아니면 외국어를 몇 년간 열심히 공부하여 의사소통을 경험해 보고 싶은가? 소프트웨어의 사용은 우리 삶을 더욱 윤택하게 하기 위해서이다. 인공지능의 형태로 우리에게 도움을 주는 소프트웨어는 많은 수고와 노력을 요구하지 않으면서도 우리가 원하는 바를 얻도록 할 수 있다. 심지어 우리가 풀지 못하는 난해한 문제를 스스로 해결하여 정답을 제시할 수 있다. 인공지능은 인간이 해결하기 힘든 수많은 문제들에 대하여 스스로 답을 찾고, 그 답을 제시해 줄 수 있다.

그렇다면 인공지능에 의한 부수적인 문제는 없을까? 유럽연합(EU)에서는 인공지능 로봇의 법적 지위를 '전자인간'(Electronic Person)으로 인정하는 결의안을 채택하였다. 이는 인공지능의 기술적 기준뿐 아니라 윤리적 기준이 필요하며, 인공지능의 발전에 따라 여러 가지 기준과 장치가 필요한 것을 의미한다. 그렇다면 이렇게 급속도로 발전하며 동시에 인간의 한 분류로까지 포함시키는 인공지능은 미래의 희망일까, 공포일까?

구글의 에릭 슈미트는 "인공지능의 급격한 도입은 사회적 혼란을 야기할 수도 있지만, 궁극적으로는 인간의 삶의 질을 높일 것이다"라고 과도기적 과정을 거친 후 긍정적 희망이 될 것이라고 언급하였다. 반면 세계적 물리학자 스티븐 호킹은 "인공지능은 인류보다 빠르게 진화할 수 있을 것이며 이러한 진화는 인류의 종말을 의미한다"라고 경고하며 공포의 대상이라 언급하였다.

이 문제의 해답은 아직 아무도 모른다. 한 가지 확실한 것은 인공지능 기술의 발전은 국가와 사회의 생산성을 향상시키고 국가의 전체 소득을 증가시킬 수 있을 것이라는 희망적 예측이다. 그러나 생산성 향상과 소득 증가가 인간의 행복을 보장할 수는 없다. 기술성장의 결과로 인간이 하던 일을 기계에게 전가하고 인간은 여가를 즐기며 인간 고유의 영역만 담당하는 세상이 될 것이라는 핑크빛 미래를 약속할 수 없기 때문이다. 그렇다고 불확실한 미래를 걱정하며 기술의 발전을 늦출 수는 없다. 기술은 기술대로 우리가 이룰 수 있는 최고 수준으로 발전시키고자 노력해야 하며, 동시에 인공지능의 성장으로 우려되는 인간 삶의 질을 사회제도 장치 등을 통하여 해결하고자 노력해야 한다. 즉, 새로운 기술 발전이 인간에게 상실감이나 공포감을 주는 것이 아니라 기술 발전으로 인한 혜택을 모두가 누릴 수 있도록 해야 한다.

이를 위하여 빌 게이츠는 인간의 노동력을 대체하게 될 로봇의 노동에도 세금을 매겨야 한다고 주장하였다. 『로봇의 부상』이라는 책을 쓴 마틴 포드는 인공지능으로 일자리를 잃은 사람들에게 사회적으로 일정 수준의 기본소득을 보장해야 한다고 주장하였다. 사회 제도를 통하여 인공지능과 인간이 더불어 사는 세상을 이루자는 것이다. 이것은 기술 성장이 단지 과학자만의 과제가 아니라 사회학자와 경제학자 등 다양한 분야의 국가 지도자 모두가 함께 풀어가야 하는 과제임을 시사하는 것이다. 모두 협력하여 인공지능 분야의 문제점들을 해결한다면, 인공지능을 통한 새로운 가치 창출로 인류는 더 윤택한 삶을 보장 받을 수 있을 것이다.

잠수함을 타지 않고도 바닷속 체험을 할 수 있을까? 이미 사라져버린 공룡을 현실감 있게 만날 수 있을까? 가상현실(Virtual Reality)은 이처럼 불가능한 것들을 가능하게 해준다. ✎가상현실은 실제가 아닌 환경이나 상황을 제공 받을 수 있는 기술을 의미한다. 비록 실제가 아니지만 가상의 환경은 사용자의 감각 기관을 자극하여 실제와 유사한 체험을 경험할 수 있도록 하며 현실과 가상의 경계를 인식하지 못하도록 하는 기술이다.

가상현실을 경험하기 위해서는 사용자의 시각을 가상의 세계로 제한하기 위한 도구가 필요하다. 우리는 이것을 HMD(Head Mounted Display)라고 한다. 사용자가 머리에 장착하는 디스플레이 디바이스

에 해당하는데 일반적으로 헤드셋이라고도 한다. 이러한 헤드셋은 사용자의 시각을 외부와 완전히 차단하고 오직 가상의 세계만을 볼 수 있도록 지원한다.

가상현실은 단순히 헤드셋으로 가상의 세계를 보는 것만이 아니라 사용자의 시각이나 동작 반응 등을 감지하여 그에 상응하는 가상의 환경을 헤드셋을 통하여 경험할 수 있도록 한다. 직접 경험하는 것은 아니지만 가상의 환경 안에서 체험할 수 있게 하는 가상현실은 교육, 원격 조작, 과학적 시각화, 시뮬레이션, 게임 등 다양한 분야에서 활용이 가능하다. ✎가상현실은 제약이 있는 현실을 간접 체험하게 하는 기술에 해당한다. 예를 들어 현실 세계에서는 절대로 몸속에 들어가서 신체의 신비를 경험할 수 없다. 그러나 가상현실에

한 권으로 시작하는 소프트웨어

서는 우리가 신체 안으로 들어가 각 기관들을 돌아다니며 신체 구조에 대하여 체험할 수 있는 것이다. 이러한 체험은 특히 교육 분야에서 유용하게 사용될 수 있다.

　사용자의 시야 전체를 영상으로 채우는 가상현실과 다르게 ✎증강현실(Augmented Reality)은 현실 세계에 가상현실을 적용하여 가상의 물체 또는 정보 등을 사용자의 눈앞에 보여주는 기술이다.

증강현실의 대표적인 예로는 매장에 있는 커다란 소파를 우리 집 거실에 놓으면 어떤 분위기가 날지 미리 확인한 후 구입할 수 있도록 하는 서비스를 들 수 있다. 또한 한때 열풍을 일으켰던 포켓몬 고 (Pokemon GO) 게임은 현실에 존재하지 않는 포켓몬이 마치 그 위치에 있는 것 같은 증강현실을 적용하여 게임을 즐기게 했다.

가상현실과 증강현실을 혼합한 혼합현실(MR: Mixed Reality)은 진짜 현실과 같이 실감나는 콘텐츠 제공이 가능하다. 미국 Magic Leap 사가 개발한 혼합현실 영상은 농구장 바닥에서 실제 고래가 솟구쳐 오르는 듯한 디지털 콘텐츠를 제공하였다. 이런 놀라운 기술의 발전으로 인하여 현실 세계의 제한을 벗어나 소프트웨어가 이끌어주는 가상 세계로의 여행이 가능해진 것이다.

한 권으로 시작하는 소프트웨어

많은 과학자들이 가상현실, 증강현실, 혼합현실 중에서 증강현실이 가장 높은 활용도를 나타낼 것으로 예상하고 있다. 현실과 연결된 가상의 세계를 통하여 더 많은 것을 체험하고 삶을 풍요롭게 하고 싶어 하는 바람이 있기 때문은 아닐까?

현실에서 벗어나 무한한 세계를 경험하게 해주는 가상현실! 이 것을 통하여 견문을 넓히고 무한한 우주로까지 우리의 영역을 확장할 수 있다면, 그것을 거부할 이유는 없을 것이다.

증실현실,
넘나 좋은 것!

미래 세계로의 연결고리,
소프트웨어를 이해하라!

2부에서는 소프트웨어를 핵심으로 이루어가는 4차 산업혁명의 개념과 다양한 기술에 대하여 알아보았다. 3차 산업혁명에서 인터넷과 정보가 핵심이었다면, 여기에 소프트웨어가 더 강화되어 변화의 물결이 일어나고 있는 것은 확실하다. 우리가 인정을 하든 하지 않든 소프트웨어 기술에 의하여 세상은 급변하고 있다.

4차 산업혁명으로 우리에게 새로운 미래를 가져오는 소프트웨어 관련 기술 중 다양한 센서를 통하여 정보를 쏟아내는 사물인터넷(IoT)이 있다. 엄청나게 쏟아내는 정보를 받아들이기 위해서는 방대한 양의 데이터들이 다니는 길을 열어 주어야 하며, 5G 네트워크가 이것을 담당한다. 방대한 양의 데이터가 발생되고 전송된다면, 당연히 그 데이터를 처리하고 데이터의 의미를 분석하는 작업이 필요하다. 이러한 작업의 개념이 빅데이터에 해당한다. 데이터가 많아지고 같은 데이터를 함께 사용하는 사람이 많아지고, 또한 데이터를 여러 곳에서 다른 기기로 접속하고 싶다면 우리에게 클라우드 컴퓨팅 서비스가 필요하다. 데이터가 발생되고, 네트워크를 통하여 빠르게 수집하

한 권으로 시작하는 소프트웨어

고, 수집된 내용을 분석하고, 수집된 내용과 분석된 결과를 잘 저장하는 일련의 작업이 모두 4차 산업혁명의 핵심 기술에 해당하는 것이다.

더 나아가 4차 산업혁명의 핵심 키워드는 '지식'이다. 이러한 지식을 소프트웨어적으로 처리할 수 있는 것이 바로 인공지능이다. 기계가 학습하여 스스로 답을 찾아가는 인공지능! 이 인공지능으로 인하여 미래의 직업 세계가 많이 변화될 것으로 모두 예측하고 있다. 또한 더 이상 우리는 현실세계에 제한되지 않고 소프트웨어를 통하여 가상현실을 경험할 수 있게 되었다. 모든 것이 가능한 가상현실, 그 가상현실을 통하여 우리의 끝없는 도전은 계속될 수 있다.

이처럼 4차 산업혁명 시대를 우리에게 이끌어 준 소프트웨어! 소프트웨어를 이해하는 자만이 미래 세계로 거침없이 나아갈 수 있을 것이다.

Ⅲ. 소프트웨어를 탄생시키는 코딩

대한민국뿐만 아니라 전 세계가 소프트웨어에 엄청난 관심을 보이고 있으며, 현재 우리 사회를 소프트웨어 중심사회라고 부른다. 또한 4차 산업혁명 시대에 접어들며 소프트웨어가 다양한 분야에서 급격한 변화를 가져올 것이라 예측하고 있다. 우리는 앞에서 소프트웨어가 무엇이며, 소프트웨어가 만들어내는 다양한 기술을 살펴보았다. 그렇다면 도대체 소프트웨어는 어떻게 만들어지는 것일까?

소프트웨어란 컴퓨터 하드웨어를 이용하여 사용자가 원하는 작업을 실행해 주는 프로그램에 해당한다. 즉, 컴퓨터에게 일을 시키기 위해서는 소프트웨어가 필요하다. 사용자가 원하는 일을 컴퓨터에게 시키기 위해서는 사용자가 컴퓨터에게 '명령'을 내려야 하며, 동시에 컴퓨터는 사용자가 지시한 명령을 '이해'할 수 있어야 한다. 여기서 사용자의 명령은 '코드'로 구성되고, 이 코드를 만드는 작업을 바로 '코딩'이라 한다.

결과적으로 컴퓨터에게 명령을 지시하는 코딩을 통하여 소프트웨어가 탄생하는 것이다. 이때 코딩이 컴퓨터에서 제대로 작동되기 위해서 코딩은 당연히 컴퓨터가 이해하는 언어로 작성되어야 한다. 컴퓨터가 이해하는 언어는 컴퓨터 프로그램을 작성하는 언어에 해당하며, 우리는 이를 '프로그래밍 언어'라고 한다. 프로그래밍 언어를 사용하여 명령어를 작성하는 것이 바로 코딩이다. 즉 우리가 다른 나라의 언어를 배워서 사용하듯이 컴퓨터의 언어를 배워서 사용하는 것이 코딩이다.

일반 언어로 예를 들면, 우리가 영어 단어와 문법을 많이 안다고 해서 영어를 잘할 수 있을까? 다양한 연습도 필요하지만, 논리적으로 올바르게 문장을 구성하는 것 또한 중요하다. 문장의 구성을 어떻게 할 것인지 생각해야 하는 것처럼 소프트웨어를 만들 때는 어떻게 명령어를 구성할 것인지 설계할 수 있어야 한다. 여기서 우리는 '컴퓨팅 사고력'이 필요하다. 우리가 원하는 문제해결을 위하여 필수적으로 요구되는 것이 바로 컴퓨팅 사고력인 셈이다.

이번 장에서는 코딩의 정체성이 무엇인지, 또 코딩을 하려면 반드시 필요한 컴퓨팅 사고력에 대해 알아볼 것이다. 이와 더불어 프로그래밍 언어에 대하여 소개하고, 실제로 어떻게 코딩을 하는 것인지 설명한다. 하지만 코딩과 컴퓨팅 사고력으로 문제해결을 하면서 추가적으로 요구되는 능력은 바로 창의력이다. '창의적 문제해결 능력'이 미래 사회를 열 수 있는 열쇠임을 이번 장을 통해 확인해 보기로 하자.

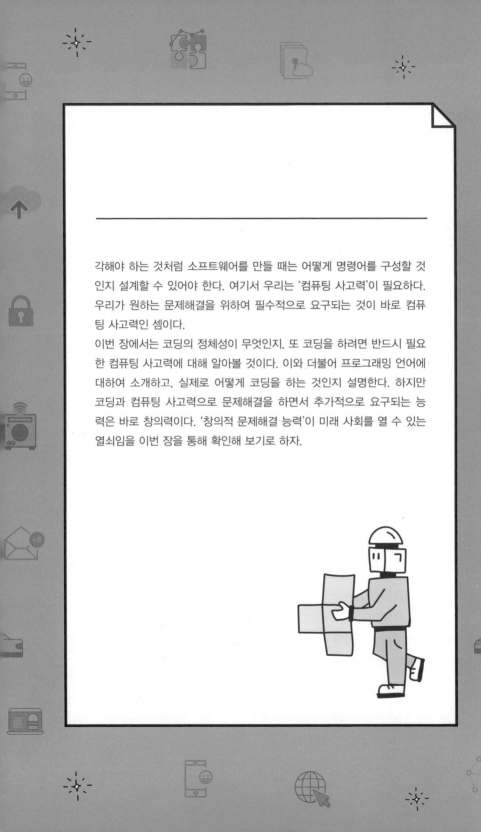

코딩을 이해하자!

코딩 개념

현재 우리 정부는 어릴 때부터 소프트웨어를 배울 수 있는 환경을 조성하고자 다양한 정책을 제시하고 있다. 특히 창의적인 소프트웨어 교육을 위하여 논리적 사고력, 창의적 사고력, 문제 분석 능력을 중심으로 한 교육 방향을 갖고 있다.

2018년부터 중학교에서 코딩 교육이 의무로 지정되었으며, 2019년부터 모든 초등학교에서 코딩 교육이 의무화되었다. 이러한 코딩 교육의 의무화는 미래 소프트웨어 중심사회의 일원으로 살아가는 데 부족함이 없도록 개인과 사회의 경쟁력을 키우기 위해서이다. 그런데 이러한 코딩 교육이 단순하게 그저 '코딩을 아는 것'이라고 잘못 이해하는 왜곡이 나타나기도 한다. 이것은 마치 학교에서

영어 교육을 10년이나 받은 사람이 미국 사람을 만났을 때 영어를 한마디도 못하는 슬픈 현실과 같을 수 있다. 코딩 교육이 단순히 프로그래밍 언어를 아는 것에서 그친다면 이는 실패한 것이다. 코딩을 한다는 것은 논리적으로 명령어를 어떻게 설계할 것이며, 그러기 위하여 명령어의 구조를 어떻게 구성할 것이며, 그 과정에서 발생 가능한 문제가 무엇인지 미리 예측하고 해결 방법을 제시할 수 있는 '통합적 문제해결 능력'이어야 한다.

그렇다면, 도대체 코딩의 정체가 무엇이기에 이렇게 고도의 사고력을 요구하는 것일까? 코딩의 과정은 다음과 같이 크게 5단계로 구성된다. 이제 각각의 단계에 대해 하나씩 살펴보도록 하자.

한 권으로 시작하는 소프트웨어

1. 이해

가장 먼저 코딩은 필요한 명령어가 무엇이며, 그 명령어가 무엇을 의미하는 것인지 정확히 이해하는 데서 시작한다. 즉, 명령어에 대한 지식이 요구되는 단계이다. 블록 기반의 프로그래밍 언어에 해당하는 엔트리를 예로 들어보자. 엔트리는 오브젝트로 등록한 대상에 명령문을 적용한다.

　　위의 경우 '엔트리봇' 오브젝트에 블록을 통하여 명령을 작성할 수 있다. 이때 블록을 이해하지 못한다면 명령문을 만들 수 없다. 만약 '엔트리봇' 오브젝트를 ▶ 시작하기 를 클릭했을 때 100만큼 이동시키려면 '블록' 탭 중에서 '움직임' 카테고리를 선택하여 다음과 같이 코딩을 할 수 있다.

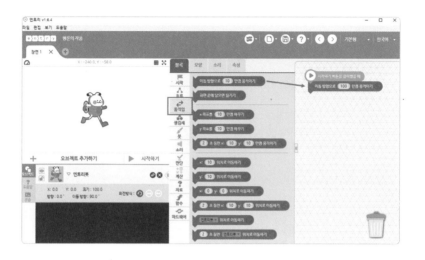

작성된 엔트리 프로그램을 실행하기 위하여 ▶ 시작하기 버튼을
클릭하면, 다음과 같이 명령문이 작성된 오브젝트인 '엔트리봇'이 앞
으로 이동된 것을 확인할 수 있다.

한 권으로 시작하는 소프트웨어

2. 설계(계획)

지식은 학습을 통하여 누구나 취할 수 있다. 그러나 자신이 알고 있는 지식을 활용하는 것은 전혀 다른 문제이다. 코딩의 두 번째 단계는 자신이 알고 있는 지식을 활용하여 어떻게 프로그램을 구성할 것인지 계획하고 설계하는 단계이다. 당연히 지식이 많은 사람이 설계를 효율적으로 할 수 있을 것이다. 만약 엔트리 프로그래밍 언어를 활용하여 네모를 그리는 프로그램을 작성하는 코딩을 만들어 본다고 하자. 일단 네모를 그리는 오브젝트가 엔트리봇이라면 적절하지 않을 것이다. 여기서 오브젝트를 연필로 바꿀 수 있어야 한다. 그리고 네모를 그린다는 것은 한 면을 그린 후 90도만큼 회전하며 4번을 반복하는 작업임을 적용할 수 있어야 한다. 이렇게 논리적으로 처리해야 하는 과정을 설계하는 것이 두 번째 단계에 해당한다.

3. 창의력

계획을 세웠다면 이제 실천의 단계가 필요하다. 코딩에서 자신이 계획한 내용을 프로그램으로 만들기 위해서는 창의력이 요구된다. 이것이 코딩의 세 번째 단계이다. 창의력을 통하여 자신의 아이디어를 테스트하며 실질적 코딩 작업을 진행하고, 결과물을 다양한 조건에 따라 실행하는 단계이다. 엔트리에서 네모를 그리는 코딩은 다음과 같이 구현할 수 있다.

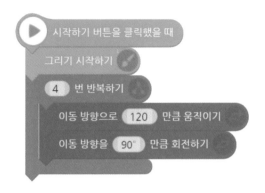

위의 코드를 실행하면 결과는 다음과 같다.

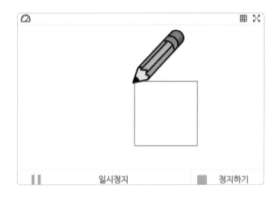

이와 같은 단계가 창의력을 발휘하여 네모를 그리는 과정에 해
당한다.

한 권으로 시작하는 소프트웨어

4. 문제해결 능력

창의력을 발휘하여 프로그램을 작성한 후 반드시 뒤따르는 작업이 프로그램에서 나타난 오류를 바로잡을 해결책을 찾는 것이다. 이것이 바로 네 번째 단계인 문제해결 능력 단계이다. 프로그램에서는 문법적 오류가 있을 수 있지만 논리적 오류도 나타날 수 있다. 예를 들어 영어에서 "I am a."라고 문장을 작성하였다면, 명백한 문법적 오류이다. 'a' 뒤에 명사가 뒤따라 나와야 한다. 반면, 사람이 "I am a hat."이라고 하였다면, 문법적으로는 올바르지만 논리적으로 성립될 수 없다. 코딩에서도 이러한 문법적 오류와 논리적 오류가 똑같이 나타날 수 있다. 이 모든 것들을 해결할 수 있는 능력이 바로 문제해결 능력에 해당한다. 네모 그리기를 성공한 후, 세모를 그리는 도전을 한다고 해보자. 네모는 면이 4개이니까 4번 반복하여 선을 그렸고, 세모는 면이 3개이니까 3번 반복만을 적용하였다면 아래의 결과물이 나올 것이다.

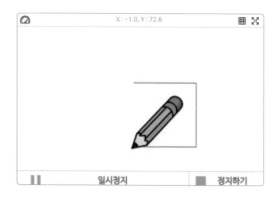

위의 그림은 면이 3개일 뿐 세모는 아니다. 논리적으로 세모를 그리려면 90도 회전이 아니라 120도 회전이 일어나야 하는 것을 이해해야 한다. 즉, 그리는 면의 수가 3으로 변경되어야 하고, 동시에 회전하는 각도가 120도로 변경되어야 하는 것을 이해하고 논리적으로 적용하여 문제를 해결할 수 있어야 한다. 올바른 코드와 결과물은 다음과 같다.

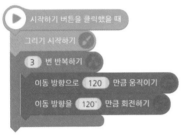 

논리적으로 오류가 나타났을 때 수정할 수 있는 능력이 네 번째 단계인 문제해결 능력에 해당한다.

5. 통합 능력

마지막으로 코딩이 요구하는 다섯 번째 단계는 통합 능력이다. 효율적인 문제해결의 답을 구하기 위하여 작은 문제해결의 답들을 통합할 수 있어야 한다. 문장이 모여서 문단을 이루듯이 명령어들을 전체적으로 통합하여 전체의 문제를 해결하는 단계이다. 만약 네모와

한 권으로 시작하는 소프트웨어

세모를 따로 그리지 않고 한 화면에 모두 그리고 싶은 경우라면 어떻게 해야 할까? 단순히 두 개의 작업을 하나로 묶어서 실행하면 가능할까? 만약 앞에서의 엔트리 예제를 묶어서 하나로 만든다면 아래의 결과가 나오게 된다.

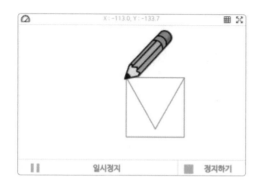

위의 경우는 네모와 세모가 겹쳐 있어 네모와 세모를 그리는 것을 올바르게 통합한 경우라 하기는 어려울 것이다. 두 개를 따로 연속하여 그리기 위해서는 다음과 같은 화면이 결과물로 나와야 한다.

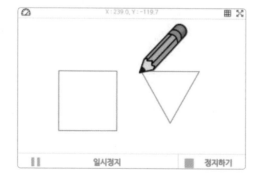

위의 결과물을 얻기 위하여 우선적으로 네모의 위치가 중앙에 있지 않고 왼쪽으로 이동해야 한다. 좌우로 움직이는 것은 x 좌표의 움직임이고, 왼쪽으로 이동하는 것은 음수의 값으로 지정해야 하는 것을 적용할 수 있어야 한다. 또한 위치를 이동하는 경우 이동 경로

한 권으로 시작하는 소프트웨어

또한 화면에 그려지므로 위치로 이동하기 전에는 그리기를 멈춰야 하고 이동 후 그리기를 시작해야 하는 것을 적용할 수 있어야 한다. 코드를 보며 네모과 세모가 어떻게 한 화면에 그려졌는지 이해할 수 있기를 바란다.

위에서 x 좌표는 적절하게 위치시킨 것이므로 다른 값을 적용해도 된다. 두 도형이 화면에 어느 정도 간격을 두고 그려질 수 있도록 배치시키면 된다. 이렇게 서로 다른 두 개의 작업을 통합할 수 있는 능력이 코딩의 5번째 단계이다. 5단계는 본인이 가지고 있는 다양한 해결책이 하나로 통합될 수 있는 문제해결의 단계이다.

✎코딩의 5단계, 즉 '이해 ➡ 설계(계획) ➡ 창의력 ➡ 문제해결 능력 ➡ 통합 능력'의 단계 모두를 포함하는 것이 진정한 코딩의 개념에 해당한다. 코딩을 위하여 프로그래밍 언어를 학습하고 다른 사람의 코딩을 이해하고 그 내용만 따라하는 것은 절대 진정한 코딩 교육법이 될 수 없다. 본인 스스로 주어진 문제해결을 위하여 해결 방법을 설계하고 창의적으로 코딩을 진행하며, 진행 중 나타나는 다양한 오류를 해결하여 통합적으로 자신의 문제해결 방안을 코딩으로 제시할 수 있는 것이 진정한 코딩의 완성임을 반드시 기억해야 한다.

도대체 왜 코딩에 열광하는가?

why coding # 미래 열쇠

현재 선진국에서는 소프트웨어 과목을 정규 과목에 포함시켜 국가 경쟁력을 높이려는 시도를 하고 있다. 영국에서는 기존에 영어, 수학, 과학, 체육 이렇게 네 과목을 필수 과목으로 지정하였으나, 이제는 소프트웨어 교육을 필수 교육 과정에 포함시켰다. 프랑스어 또는 독일어 같은 주요 외국어보다 소프트웨어가 훨씬 더 중요하다고 판단한 것이다. 이처럼 영국 같은 선진국에서도 교육의 변화를 통해 국가의 재도약을 노리고 있는데, 그 열쇠가 바로 코딩인 셈이다. 우리나라도 예외는 아니다. 지금 대한민국은 엄청난 코딩 열풍이 불고 있다. 코딩이 의무교육으로 지정되면서 모든 초등학교 및 중학교에서 코딩을 배우게 되었으니, 이에 편승하여 사교육에서는 벌써 코딩 교육 시장이 활발히 성장하고 있다.

그렇다면 왜 이렇게 코딩에 관심이 쏠리고 있는 것일까? 코딩을 통하여 소프트웨어가 탄생하기 때문일까? 모든 사람들이 소프트웨어를 만들어야 한다는 뜻일까? 물론 현재와 다가올 미래는 소프트웨어 중심사회이므로 소프트웨어가 매우 중요하지만, 그렇다고 모두가 소프트웨어 생산자가 되어야 하는 것은 아니다. 그렇다면 코딩의 진정한 가치가 과연 무엇이기에 전 세계가 이처럼 코딩에 집중하고 있는지 알아볼 필요가 있다.

세상을 바꾸고 있는 자율주행 자동차, 드론, 인공지능, 3D 프린팅, 유전공학 등 다양한 분야에서 소프트웨어 기술은 우리 삶의 여러 가지 측면에 혁명을 일으키고 있다. ✎ 즉, 코딩을 통하여 새로운 혁신이 이루어지고 있다. 코딩을 학습하여 새로운 변화를 위한 해결책을 제시할 수 있는 소프트웨어를 작성할 수 있기 때문이다. 또한 코딩을 하는 과정 중에 논리적 문제해결법에 접근하는 것을 넘어서 창의력을 발휘할 수 있다. 창의력은 논리적으로 해결하지 못하는 문제해결에서는 필수적으로 필요한 사고력이다. 그러므로 코딩을 통하여 논리적 문제해결력과 더불어 창의력을 발전시킬 수 있게 되고, 결국 코딩을 통하여 문제해결 영역을 폭 넓게 경험하며 자신감을 가지게 되는 것이다. 다양한 문제에 대한 해결 경험은 새롭게 주어지는 문제에 대한 도전 정신을 자극한다. ✎ 따라서 답을 찾아가는 것

한 권으로 시작하는 소프트웨어

이 막연한 두려움이 아니라 진짜 즐거움이 될 수 있다. 코딩을 통한 문제해결 만족도는 다른 학습 분야에도 적용되어 수학, 과학, 책 읽기 등 다양한 영역에서도 성공을 가져올 수 있다.

여기서 코딩이 어떻게 '책 읽기'와 연관되냐고 반문할 사람도 있을 것이다. 코딩은 본인이 문제를 해결하는 과정에 논리적으로 접근하면서 핵심적 요소를 추적할 수 있어야 가능하다. 책 읽기에서도 저자가 이야기하고 싶은 핵심적 요소를 따라가며 저자의 의도를 파악해야 글의 흐름을 이해하고 내용을 정확하게 간파할 수 있다. 그렇기 때문에 놀랍게도 코딩에 훈련이 된 경우에 책 읽기 역시 효율적으로 할 수 있다. 그러나 여기서 말하는 코딩은 단순히 기계적으로 학습하고 훈련하는 소프트웨어 코딩이 아니다.

요즘 학원에서 코딩 교육을 받는 일부 학생들이 스스로 문제해결을 위해 생각하는 과정 없이 코딩을 위하여 무조건 프로그래밍 언어에 대한 교육을 받는 경우가 있는데, 이는 소프트웨어에 대한 거부감만 줄 수 있는 위험한 접근이다. ✎코딩은 스스로 생각하며 해결해 나가는 즐거움이어야 한다. 답을 찾기 위해 기계적으로 코딩하는 것은 아무런 필요가 없다. 코딩을 배우려는 시도는 좋았으나, 방법이 잘못되어 오히려 코딩을 기피하게 되고, 소프트웨어에 대한 부정적 생각만 가지게 될 가능성이 높다.

결론적으로 정리하자면, 논리적 사고력과 창의력을 훈련할 수 있는 코딩을 학습하여 세상을 움직이는 소프트웨어를 이해할 수 있다. 더 나아가 소프트웨어를 작성할 수 있다면, 급변하는 이 시대를 살며 다가올 미래 세계의 무한한 가능성을 열 수 있는 중요한 열쇠를 가지게 되는 것이다.

여기서 독자들은 궁금증을 가질 수 있다. 인공지능이 코딩을 직접 작성할 수 있다고 하는데, 왜 인간이 굳이 코딩을 학습해야 할까? 물론 단순히 코딩을 하기 위하여 코딩을 배우는 것이라면 코딩 교육은 쓸모없는 과정일 수 있다. 그러나 인간은 기계에게 어떠한 일을 지시해야 하는지 정의하고, 보다 창의적이고 통합적인 일을 해야 하는 것이다. 하지만 그 원리를 이해하고 융합적 해결 방안을 제시하기 위해서는 당연히 기본적인 프로그래밍 원리와 코딩을 이해해야 한다. 도구가 주어졌을 때 사용법을 알아야 필요에 따라 응용하여 사용할 수 있는 것이지, 도구의 무한한 가치를 모르고 한 가지 기능으로만 사용한다면 도구 자체에 대한 능력을 제한시키는 어리석은 접근법이기 때문이다.

코딩의 중요성을 강조하는 이 말에 동의하기 힘들다면, 지금은 고인이 된 애플의 전 CEO 스티브 잡스가 생전에 강조한 말을 기억하자. "모든 사람이 컴퓨터 프로그래밍(코딩)을 배워야 한다. 코딩은 생각하는 방법을 가르쳐주기 때문이다." 또한 미국의 전 대통령 오바마는 "코딩은 당신의 미래뿐 아니라 조국의 미래"라고 연설했다.

한 권으로 시작하는 소프트웨어

이러한 말들은 코딩 자체가 중요해서가 아니라 코딩을 하는 과정이
문제해결을 위한 사고 능력을 키워주기 때문이라는 점을 잘 보여준
다. 코딩 자체는 단순히 코드로 작성된 프로그램일 뿐이다. 올바르게
작동해 원하는 문제해결을 완벽하게 이루었을 때, 그것이 바로 진정
한 코딩이다. 결국 문제해결을 완성한 것이 코딩인 것이다.

　　하버드 대학에서 기초 코딩 과목 CS50을 개설하자 교양 필수 과목이 아님에도 불구하고 공학과 전혀 관계없는 인문, 사회학 전공 학생들이 대거 등록해 최고의 인기 강좌로 등극하였다. 학생들 스스로 코딩 교육이 미래를 위한 필수 준비 과정이라 깨달은 것이다.

　　세상은 이렇게 코딩 교육에 집중하며 창의적인 인재 양성에 힘쓰고 있다. 그런데 우리나라는 그저 학교 성적을 위해 코딩 교육을 진행한다면, 세계적 경쟁력을 잃게 될 것이다. 이러한 학생들이 가진 열쇠로는 혁신적이며 주도적인 미래의 바로 그 방을 결코 열 수 없을 것이다.

**코딩을 아는 사람과
코딩을 모르는 사람으로 구분된다!**

21세기의 라틴어

우리는 고대 로마제국에서 사용한 라틴어를 지금의 코딩과 비교할 수 있다. '모든 길은 로마로 통한다'라는 말은 누구나 들어본 적이 있을 것이다. 전 세계에 영향력을 행사하는 로마제국이 사용한 라틴어를 할 줄 안다는 것은 그 당시 국제사회에서 영향력을 발휘할 수 있다는 것이며, 라틴어를 안다는 사실만으로 상류층에 속한 것을 상징한다. 당연히 엘리트층에서는 라틴어 교육이 필수였으며, 각 나라의 지도자들이 서로 만나 대화를 나눌 때도 라틴어가 사용되었기 때문에 외교에서도 라틴어는 필수였다. 라틴어를 아는 계급과 알지 못하는 계급에는 분명한 차이가 있었다. 조심스럽게 4차 산업혁명 시대에도 이러한 구분이 생길 것으로 예측이 된다.

즉, 코딩을 아는 사람과 코딩을 알지 못하는 사람으로 구분되는 것이다. ✎코딩을 아는 사람은 세상의 변화를 읽고 대처하며 세상을 주도적으로 이끌어 갈 수 있을 것이며, 코딩을 알지 못하는 사람은 세상의 변화에 끌려다니며 수동적인 삶을 살아갈 수밖에 없을 것이다. 어쩌면 극단적인 비유일 수 있으나, 분명한 것은 코딩을 모르면 다가올 미래의 주인공으로 살아가기는 힘들 것이란 점이다. 지금 우리가 살고 있는 대한민국의 현주소를 봐도 디지털 문화에 상대적

한 권으로 시작하는 소프트웨어

으로 취약한 노인계층은 여러 가지 불편함을 호소하고 있다. 인터넷 신청만 가능한 서비스의 경우, 인터넷 사용에 서툰 노인들은 당연히 신청할 기회조차 가질 수 없으며, 다양한 SNS 활동에 참여할 수 없는 실정이다.

이러한 현상은 더욱 심화되어 앞으로 코딩을 이해하고 적용할 수 있는 부류와 코딩을 몰라서 스스로 도태되는 부류로 구분될 수 있을 것이다. 일자리에서도 급격한 변화가 발생할 수밖에 없는데, 코딩을 모르는 사람들이 4차 산업혁명 시대의 변화하는 일자리 환경에서 얼마만큼 적응할 수 있을지 의구심이 생긴다. 이것이 단순히 저자의 기우이길 바라지만, 만약 이러한 걱정이 현실로 이어진다면 라틴어를 모르는 사람들이 힘들고 어려운 일을 주로 감당하며 주인공이 아니라 조명을 받지 못하는 역할을 감당할 수밖에 없었던 것처럼, 코딩을 모르는 사람은 미래 세상에서 주인공 역할을 맡을 기회가 차단될 수 있다.

라틴어는 또한 영어, 이탈리아어, 프랑스어, 스페인어, 포르투갈어 등 서구 언어의 근간이 되었고 새로 파생되는 언어들의 기초로 많이 활용되었다. 코딩 또한 앞으로 새롭게 변화할 세상의 근간이 될 수 있다. 코딩이 만들어내는 소프트웨어가 세상을 새롭게 변화시키는 많은 것들을 탄생시킬 것이 분명하기 때문이다. 세상의 중심에 있었던 로마제국에서 주인공 역할을 담당하기 위해 반드시 알아야

했던 라틴어처럼, 4차 산업혁명 시대의 주인공이 되길 꿈꾸고 있다면 반드시 코딩을 배워야 한다. 코딩을 배운다는 것은 시대를 앞서는 생각을 현실에서 이룰 수 있는 것으로, 결국 세상을 바꿀 수 있는 능력을 스스로 갖추어 미래를 대비하게 될 것이다.

코딩만 잘하면 되는가?

컴퓨팅 사고력

앞서 우리는 코딩이 미래사회의 필수 요소라고 충분히 설명했다. 현재 코딩 교육에 큰 관심을 쏟고 있는 우리나라의 소프트웨어에 대한 인식은 높은 게 당연하겠지만, 안타깝게도 우리나라의 소프트웨어 현실은 너무나 참담하다. 아직 소프트웨어의 가치와 중요성을 제대로 인식하지 못해 각종 소프트웨어를 불법적인 '어둠의 경로'를 통하여 무단 복제하여 사용하고 있으며, 세계 100대 소프트웨어 개발 관련 기업 중에 국내 기업은 전무한 상태이다.

하지만 우리 모두는 대한민국이 IT 강대국이라고 자부하고 있다. IT 인프라 측면에서는 대한민국이 세계 어느 나라에도 뒤지지 않기 때문이다. 세계 어느 나라를 가 보아도 대한민국처럼 와이파이

(WiFi) 연결이 빠르고 강한 나라를 경험할 수 없을 것이다. 대한민국은 IT 환경이 세계 최고 수준으로 잘 갖추어져 있음에도 불구하고, 왜 소프트웨어 경쟁력은 없는 것일까? 좀 이상한 일이 아닌가? 그 이유 중 하나는 잘못된 교육을 들 수 있다.

이 책을 읽는 독자 중 앞으로는 소프트웨어 중심사회가 되어 간다니 학원을 다니며 코딩을 배워야겠다는 사람들도 있을 것이다. 코딩을 배우는 것이 소프트웨어 중심사회를 준비하는 일부는 될 수 있지만, 전부는 아니다. 특히 코딩 기술을 익히기 위하여 프로그래밍 언어만 학습하면 된다고 생각한다면, 이는 구시대적 발상이다. 영어 문법과 단어만 안다고 영어를 잘할 수 있는 것은 아닌 것과 똑같다. 미국 사람과 대화를 하려면 영어는 그저 하나의 도구일 뿐, 내 생각과 사고가 대화를 이끌어 가는 핵심임을 간과해서는 안 된다. 물론 문법과 단어를 모르면 대화 자체를 이어갈 수 없다. 따라서 문법과 단어를 익히는 것은 대화의 시작점에 해당한다.

결국, 코딩의 기술과 함께 사고력이 필수적이다. 앞에서 언급하였듯이 코딩이라는 행위가 중요한 것이 아니라 코딩을 통하여 소프트웨어를 탄생시키려면 올바르게 작동하는 프로그램을 만들어내는 문제해결 과정의 사고력이 중요한 것이다. 그래서 코딩과 함께 주목받고 있는 것이 '컴퓨팅 사고력'이다.

✎ 컴퓨팅 사고력을 한마디로 정의하면 문제해결 과정이다. 코

한 권으로 시작하는 소프트웨어

딩을 통하여 소프트웨어를 개발하기 위해서 컴퓨팅 사고력은 필수적
요소이다. 컴퓨팅 사고력을 단순히 컴퓨터에서 문제를 해결하기 위
한 사고력으로 축소해 해석하는 경우가 있는데, 이는 잘못된 것이다.
앞에서 언급하였듯이 세상에서 문제를 가장 잘 해결하는 것은 컴퓨
터이며, 문제해결 과정에 컴퓨터가 문제를 해결하는 것처럼 사고력
을 적용하여 다양한 분야의 문제를 해결하는 것이 컴퓨팅 사고력의
개념이다. 그러면 과연 컴퓨터는 어떻게 문제를 해결하는 것일까? 이
것부터 차근히 살펴보자.

✎ ISTE(International Society for Technology in Education)에서 언급
한 기본적인 9가지 컴퓨팅 사고력을 기준으로 컴퓨터 문제해결 과정
을 검토해보자.

자료수집

문제의 이해와 분석을 토대로 문제를 해결하기 위하여 자료를 모으는 단계에 속한다. 문제를 해결하기 위해서는 정확한 문제 인식이 필요하다. 문제를 발생시키는 원인이 무엇인지 알고자 한다면 당연히 문제와 관련된 자료가 무엇인지 조사해야 한다. 이러한 과정을 자료수집 과정으로 정의하며, 문제를 해결하기 위해서는 문제의 원인이 되는 자료를 수집할 수 있는 사고력이 필요하다. 컴퓨터에서 프로그램을 실행시키기 위해서는 입력이 요구되며 입력 처리를 하는 것이 자료수집에 해당한다. 즉, 입력을 받을 수 있어야 입력 받은 자료를 토대로 사용자가 원하는 작업을 처리할 수 있다.

자료분석

수집된 자료와 문제에서 주어진 자료를 분류하고 분석하여 자료의 의미를 찾아가는 단계에 속한다. 수집된 자료의 의미를 알아야 문제 해결의 방향을 정할 수 있으므로 가지고 있는 자료가 나타내는 것이 무엇인지 읽을 수 있어야 한다. 예를 들어 선물 상자를 만드는 설명서를 구한 경우, 자료수집은 완료된 상태로 볼 수 있다. 그런데 설명서가 이해할 수 없는 아랍어로 적혀 있다면 설명서를 가지고는 있지만 선물 상자 만드는 방법을 알 수가 없기에 결과적으로 선물 상자 만들기는 실패할 것이다. 요즘처럼 데이터가 경쟁력이 되는 시대에는 그저 데이터를 많이 가지고 있는 데서 그치는 것이 아니라, 가지고 있는 데이터가 어떠한 의미를 나타내고 있는지 분석할 수 있는 사고력이 필요하다. 컴퓨터에서 어떤 자료를 처리할 때는 올바른 자료인지 확인하고 분석한 후, 그 자료에 대한 처리를 계속해야 한다. 가지고 있는 돌이 다이아몬드 원석인지 모르는 사람에게는 미래의 다이아몬드가 아니라 그저 흔한 돌일 뿐이다. 그 가치를 아는 힘의 중요성을 간과하지 말아야 한다.

자료표현

분석한 자료의 내용을 표현하여 확인할 수 있는 단계이다. 예를 들어 다이아몬드 광산에 가서 돌을 수집하여 그중에서 원석을 분류했다고 하자. 원석을 잘 다듬어 다이아몬드로 만들어야 모두 그것이 아름답고 가치 있는 다이아몬드라 인정할 것이다. 자신이 수집하고 분석하여 가치 있는 자료라고 하더라도, 적절한 방법으로 표현되지 않는다면 진정한 가치를 인정받을 수 없다. 가지고 있는 탁월한 아이디어를 글이나 말로 표현하지 않는다면, 그것은 그저 자신의 머릿속에 머무르는 단순한 생각에 그칠 뿐이다. 그러나 다른 사람들과 함께 공유할 수 있는 방법으로 잘 표현한다면, 그 생각이 세상을 변화시키고 발전시킬 수 있는 놀라운 밑거름이 될 수 있다. 자신의 생각을 표현할 수 있는 능력도 사고력과 함께 더불어 살아가는 이 세상에서 필수적인 요소에 해당한다. 컴퓨터에서도 복잡한 처리를 통하여 원하는 결과를 찾았다면, 그 내용을 단어, 값, 그래프, 그림 등 적절한 방법으로 표현해야 사용자가 확인할 수 있다. 표현하지 않는 결과는 찾지 못한 결과와 같다.

문제분해

문제를 해결하기 위하여 문제를 작은 단위로 나누는 단계이다. 우리가 무엇인가를 쪼개는 작업을 할 때는 쪼갤 대상의 구조를 알아야 나눌 수 있다. 예를 들어 망고를 자른다고 해보자. 망고 가운데 크고 넙적한 씨가 자리 잡고 있는 걸 모르고 무조건 반으로 자르려고 한다면, 절대 자를 수 없을 것이다. 우리가 문제를 해결하기 위해 다루어야 하는 자료들에 대하여 정확하게 이해하고 표현했다면, 이제 가지고 있는 자료들에 어떻게 접근할 수 있는지 문제를 쪼개야 하는 단계이다. 여기서 분해하는 것은 자료를 분해하는 것이 아니라, 해결해야 하는 문제를 나누는 것임을 기억해야 한다.

　예를 들어 코딩을 배우면서 재미있고 적성에 맞아서 간단한 계산기를 만들어 보기로 했다고 하자. 이때 계산기는 기본적으로 덧셈, 뺄셈, 나눗셈, 곱셈을 실행할 수 있어야 한다고 계산기의 기능을 정의할 수 있는 사고력이 문제분해인 것이다. 우리는 해결해야 할 문제가 너무 크면, 당황하거나 그 문제의 존재감에 짓눌려 문제해결을 못하는 경우가 있다. 이때 두려워하지 말고 커다란 문제를 작은 문제로 하나씩 분해해서 작은 것부터 해결해 가면 결국 원래의 큰 문제도 해결할 수 있을 것이다. 컴퓨터는 모든 명령어를 하나씩 구별하여 순차적으로 처리한다. 사용자가 10줄의 프로그램을 코딩하였든, 10,000줄의 프로그램을 코딩하였든지 논리적으로 분해하여 순차적으로 실행시키는 방식으로 프로그램을 처리한다. 문제를 분해하는 사고력이 있는 사람은 작은 문제에 강할 뿐 아니라 더 큰 문제도 작은 문제처럼 쉽게 해결할 수 있다.

추상화

문제의 복잡도를 줄이기 위하여 핵심적인 주요 개념을 정의하는 단계이다. 어떤 문제를 해결하기 위해서는 중요한 사항이 있고 부수적인 사항이 있다. 이러한 사항을 정확하게 분리하여 '핵심 사항'에 초점을 맞추는 것이다. 만약 저녁 식사에 친구들을 초대했다면 맛있는 음식을 준비하는 데 초점을 맞추어야지, 세팅할 그릇을 살펴보다가 문득 찬장에 먼지가 많다는 생각이 들어 음식 준비를 미루어두고 찬장 청소를 한다고 하자. 저녁 식사에 초대받은 친구들이 집에 왔을 때 어떠한 상황이 벌어질 것인가? 이처럼 문제해결을 위하여 해야 할 일이 무엇인지 정확하게 깨닫고 필요한 일들을 처리할 수 있는 것이 추상화에 해당한다. 컴퓨터는 분해되어 작은 문제로 나누어진 문제들을 어떻게 해결해야 하는지 프로그래머가 시킨 그대로 처리한다. 여기서는 컴퓨터 처리 자체의 추상화보다는 프로그래머에게 추상화 사고력이 요구된다. 따라서 코딩으로 어떤 내용을 처리해야 하는지 정확하게 설계한 후 프로그램을 작성하여 컴퓨터가 실행하면서 핵심적인 일들을 처리할 수 있도록 해야 한다.

알고리즘과 절차

문제해결을 위한 과정을 순서적 단계 또는 절차적 단계로 정의하여 표현하는 단계이다. 핵심적 사항이 무엇인지 추상화 개념으로 찾아냈다면, 이제 핵심적 사항을 어떻게 풀어 갈 것인지 절차적으로 제시할 수 있어야 한다. 만약 배가 고파 라면을 먹고 싶다고 하자. 라면을 끓이기 위해서는 물과 라면, 그리고 열을 가할 조리 기구가 필요하다는 것은 누구나 알고 있다. 준비가 되었다면 이제 라면을 끓이는 작업을 실행에 옮겨야 한다. 라면을 끓이는 과정을 알고 있어야 라면을 성공적으로 맛있게 끓일 수 있다.

라면을 끓이기 위해서는 우선 물을 끓인 후 뜨거운 물에 라면과 스프를 넣고 4분 30초 더 끓이는 과정을 거쳐야 한다. 이러한 절차는 라면 봉지에 명시되어 방법을 모르는 사람도 따라할 수 있도록 하였다. 그런데 만약 찬물에 라면을 넣은 상태로 끓인다고 가정하자. 푹 퍼져 맛없는 라면을 먹게 되는 슬픔을 경험하게 될 것이다(푹퍼진 라면을 좋아하는 입맛을 가진 사람은 예외로 하자). 라면을 끓이는 과정에 대해 절차적으로 생각하지 않으면 맛있는 라면을 먹기 힘들 수 있다.

컴퓨터에서는 프로그래머가 추상화를 통하여 처리할 내용을 핵심적으로 정리한 후 실질적으로 어떻게 처리할 것인지 설계하는 단계에 속한다. 두 값의 덧셈을 계산하려면, 먼저 두 개의 값이 주어져야 하며, 두 개의 값을 더한 후 그 결과를 출력하여 확인하는 과정으로 알고리즘을 설계할 수 있어야 한다. 프로그래머가 올바르게 알고리즘을 설계하면, 문제해결을 위한 올바른 답을 제시할 수 있다.

우리 인생의 과정에서도 어떠한 문제를 해결하고 꿈을 이루기 위해서는 단계적으로 순서에 따라 대응해야 한다. 복권을 사지도 않고 복권 당첨을 꿈꾸는 사람이 있다면, 그 꿈은 절대로 이루어지지 않을 것이다. 목표로 하는 꿈을 이루기 위하여 알고리즘과 절차의 단계를 설계할 수 있는 사고력이 반드시 필요하다.

자동화

이 과정은 컴퓨터가 실제적으로 주어진 코드를 실행하며 문제를 해결하는 단계이다. 우리 삶 속에서 자동화 개념은 실행 단계로 적용하면 된다. 알고리즘과 절차 단계에서 계획한 내용을 실질적으로 실행하며 그 답을 찾아가는 과정이다. 우리가 계획한 내용을 실행하다 보면 때로는 계획대로 안 되고 원치 않는 결과가 나올 수도 있고, 또는 아예 결과가 나오지 않을 수도 있다. 이러한 경우를 컴퓨터에서는 오류로 분류하여 수정할 수 있어야 한다. 마찬가지로 우리의 삶에서도 해결이 계획대로 진행되지 않을 때는 과감히 계획을 변경·수정하여 더 나은 해결책을 찾아갈 수 있어야 한다. 즉, 자동화는 단순히 실행시키는 것이 아니라 실행하다가 나타나는 다양한 상황에 대처할 수 있는 사고력이 필요한 단계이다.

시뮬레이션

모의실험을 하는 과정이다. 우주비행사를 모의실험 없이 바로 우주로 보내는 경우는 없을 것이다. 복잡하고 어려운 해결책 또는 현실적으로 실행 불가능한 해결책을 선택하기 위해서는 모의실험이 필요하다. 문제해결 과정에서 시뮬레이션을 통하여 발생 가능한 문제점들을 예측하고 대비하여 문제해결에 나타날 수 있는 문제점을 최소화하기 위한 필수 과정이다. 삶에서 일어나는 다양한 문제를 해결하기 위하여 계획안을 마련하고 검토 없이 곧바로 실천하는 사람은 당연히 실패를 더 많이 경험할 것이다. 미리 자신이 계획한 문제해결 방법에 대하여 시뮬레이션을 돌려보고 안정적으로 문제를 해결해 나가도록 노력해야 한다.

병렬화

문제해결을 위하여 공동의 작업을 진행하는 단계이다. 병렬화의 쉬운 예로는 만약 우리가 걷고 있다면 다리만 움직이는 것이 아니라 몸과 팔이 함께 자연스럽게 움직이며 이동 방향으로 함께 움직이는 것이다. 이렇듯 같은 목적을 위하여 여러 가지 요소가 함께 작업을 하는 것이 병렬화이다. 컴퓨터에서 어떤 작업을 실행하기 위해서는 다양한 일들이 함께 처리되며 결과 값을 찾아간다. 앞에서 문제분해 능력을 통하여 해결해야 하는 작은 문제들로 분해되었다면, 작은 문제들이 병렬화의 개념으로 모두 같이 해결되어야 결과적으로 본래의 문제가 해결되는 것이다. 이와 같이 우리도 삶에서 문제를 해결할 때는 한 가지 측면만 해결한다고 되는 것이 아니다. 여러 측면에서 힘을 모아 한마음으로 같은 목표를 향하여 노력할 때 문제가 해결된다. 국가가 발전되는 과정에서도 지도자만 열심히 일하는 것이 아니라 국민 모두가 함께 노력하여 병렬화 사고를 가지고 해결한다면 국가는 놀라운 발전을 함께 이루어 내는 것과 마찬가지라 할 수 있다.

우리는 이미 컴퓨팅 사고력을 자신의 삶에서 만나는 다양한 문제를 해결할 때 사용하고 있다. ✎컴퓨팅 사고력을 개념적으로 정리하여 제시한 전 카네기멜론 대학교의 교수이자 현 마이크로소프트사 부사장인 지넷 윙(Jeannette Wing)의 사고 능력 중 대표적 10가지 능력을 정리해 보면 다음과 같다.

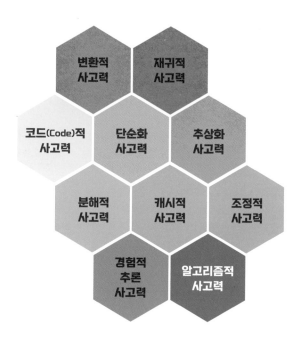

변환적 사고력(Reformulating Thinking)은 처음 접하는 어려운 문제를 자신이 이미 알고 있던 친숙한 문제의 형태로 변환하여 문제를 해결할 수 있는 사고력이다. 예를 들어 수학 공식이 다음과 같이 주어졌다고 하자.

$$y=0.5x+23+20.15x+3x+13.8$$

한 권으로 시작하는 소프트웨어

앞과 같은 식이 주어졌을 때, *y=ax+b*를 학습한 사람은 주어진 복잡한 식을 변환하여 *y=23.65x+36.8*로 재정의할 수 있다.

재귀적 사고력(Recursive Thinking)은 문제를 해결할 때 하나의 사고 과정을 재귀적으로 반복해서 사고하는 능력을 의미한다. 예를 들어 점 하나를 찍은 후 하나의 점을 3번 적용하여 삼각형 형태를 나타낼 수 있다면, 하나의 점 대신에 3개의 점을 적용하여 더 복잡한 모형을 그릴 수 있다. 이러한 과정을 재귀적으로 반복하면 아래의 그림과 같은 도형으로 나타낼 수 있다. 단순히 3개의 점을 찍는 것을 반복한 것이 아니라 3개의 점이 모인 삼각형 모형을 확대하며 적용하는 것이다.

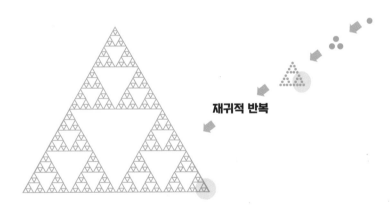

재귀적 반복

코드적 사고력(Data as code, code as data)은 생각하는 것들을 문자, 숫자, 기호, 수신호 등으로 기호화시켜서 코드로 표현할 수 있는 사고 능력이다. 컴퓨터가 모든 것을 이진법으로 표현하는 것처럼 우리가 접하는 데이터를 어떤 규칙에 따라 코드로 표현할 수 있는 능력이다. 만약 흰색을 0으로 표현하고, 검은색은 1로 표현하기로 규칙을 정했다면, 아래의 내용은 0101101의 코드로 표현될 수 있다.

단순화(Simplicity) 사고력은 간단하고 명료하게 설계할 수 있는 사고 능력이다. 만약 우리가 사람을 스케치하는 경우 처음부터 손이나 얼굴의 세밀한 것부터 표현하지 않는다. 대략적인 윤곽을 간단하게 그리며 시작할 것이다. 각 신체의 요소를 비율을 맞추어 간단하게 표현할 수 있다면 단순화 사고력이 있는 것이다. 단순한 윤곽에서 시작하여 세밀한 부분으로 확장하며 명료하게 접근할 수 있는 경우 사람의 스케치를 다음 그림과 같이 완성할 수 있다.

또한 $\frac{12}{234}$라는 값을 분자와 분모 값 모두를 6으로 약분하여 $\frac{2}{39}$으로 표현할 수 있는 것은 우리에게 단순화 사고력이 있기 때문

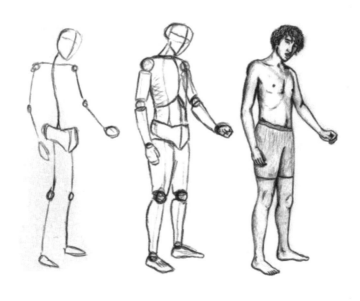

이다. 이와 같이 컴퓨팅 사고력은 우리가 모르는 새로운 사고 능력이 아니라 이미 우리가 사용하고 있었으나 그 개념을 깨닫지 못하고 사용하고 있었던 것이다. 그러면 여기서 궁금증을 갖게 될 것이다. 이미 알고 있었던 사고력이라면, 왜 우리가 컴퓨팅 사고력을 배워야 하는가? 그 이유는 만약 자신이 아직 적용하지 못하고 있던 사고력이라면 새로이 받아들여 자신의 능력으로 습득해야 하며, 이미 사용하고 있던 사람은 더욱 강화하여 결국 문제해결 능력을 더 효율적으로 할 수 있어야 하는 것이다. 또한 다양한 사고력을 통합하여 문제해결을 할 수 있는 '융합적 문제해결자'가 되어야 하며, 이미 시도되지 않았던 접근법을 사용하여 창의적 문제해결 능력자가 되어야 하는 것이다.

그 다음으로 언급할 사고력은 컴퓨팅 사고력에서 매우 중요한 사고력에 해당하는 추상화(Abstraction) 사고력이다. 추상화 사고력은 어떠한 현상들을 이론적으로 표현할 수 있으며, 또한 일반화시킬 수 있는 사고 능력에 해당한다. 가장 핵심적인 내용으로 세부적인 것은 생략하고 대표성만을 추출해 낼 수 있는 것이다.

만약 아파트 12층에서 살고 있어서 가랑비가 내리는 것을 눈으로 직접 확인할 수 없지만 아래를 내려다보니 사람들이 모두 우산을 쓰고 있는 것이 보인다면 비가 오고 있다는 사실을 알 수 있다. 이것이 바로 추상화의 개념이다. 누군가 "낙엽이 너무 낭만적이야!"라고 말한다면 '가을이구나!'라고 알 수 있듯이 추상화는 대표성을 추출할 수 있거나 대표성이 갖는 의미를 유추하여 깨달을 수 있는 것이다. 아래 사진을 보여준다면 우리는 고양이를 언급하고 싶은 것이라고 알 수 있는 것이다.

분해적(Decomposition) 사고력은 작은 조각으로 문제를 쪼개서 해결할 수 있는 사고 능력이다. 만약 유학을 가고 싶다고 무조건 유학

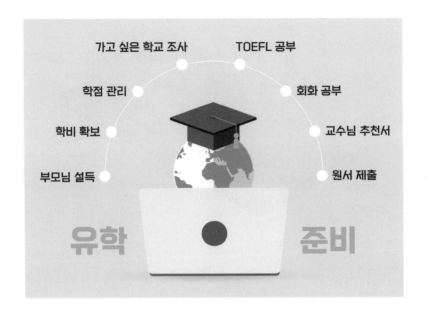

을 갈 수 있는 것이 아니다. 유학을 가기 위하여 준비를 해야 하고 점검해야 하는 사항들을 분해하여 정의할 수 있어야 한다. 작은 문제로 분해하여 요소 하나하나를 해결할 수 있어야 전체를 효율적으로 해결할 수 있는 것이다.

　다소 낯선 단어일 수 있지만 캐시적(Prefetching and caching) 사고력도 컴퓨팅 사고력의 하나이며, 정보나 도구를 효율적으로 나누어 배치하여 문제해결을 쉽게 할 수 있는 사고 능력에 해당한다. 즉 필요한 것을 미리 선택하고 해결 방법을 예측하는 사고력이다. 다음 날 학교에 가기 위하여 필요한 물품을 미리 챙겨 놓을 수 있다면, 그것이 바로

캐시적 사고력이다. 또는 우리가 여행을 떠나기 전 필요한 물품들을 예측하여 목록을 작성하고 가방을 싼 경험이 있다면 캐시적 사고력을 이미 활용하고 있는 것이다.

조정적(Resource Sharing) 사고력은 공유 자원을 효율적으로 나누어 사용할 수 있는 사고 능력이다. 제한된 자원을 나누어 써야 하는 경우 우리는 반드시 공유를 할 수 있어야 한다. 한 사람이 무조건 자원을 독점하는 것은 결코 문제해결 방법이 될 수 없다. 이러한 상황의 대표적인 문제가 '철학자의 식사'이다.

예를 들어 다섯 명의 철학자가 원탁의 식탁에 모여서 식사를 하는 상황에서 포크가 5개만 주어졌다. 그런데 우아한 철학자들은 절대 하나의 포크로 식사를 하지 않으며 각자 2개를 사용할 때만 식사

한 권으로 시작하는 소프트웨어

를 한다고 가정하자. 만약 플라톤이 먼저 두 개의 포크를 들었다면, 옆에 앉아 있는 아리스토텔레스와 소크라테스는 포크를 양보하고 기다려야 식사를 무사히 마칠 수 있다. 물론 다섯 철학자가 한 식탁에 모이는 것은 가정일 뿐이다. 조정적 사고력에서 가장 중요한 점은 양보하여 자신의 차례를 기다렸다 공유하는 대상을 사용하는 것이다. 만약 아무도 양보하지 않는다면 그 누구도 자원을 사용할 수 없는 씁쓸한 상황이 발생할 것이다.

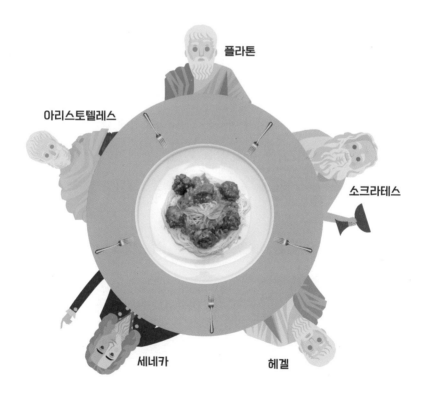

경험적 추론(Heuristic reasoning) 사고력은 주어진 문제를 해결하기 위해 추론을 할 경우 자신들의 경험을 통해 알고 있는 일부 정보를 이용해서 문제를 해결할 수 있는 사고 능력이다. 일반적으로 귀납법적 접근이라고 설명할 수 있다. 경험적 추론 사고력은 일반적으로 세 단계를 거쳐서 문제를 해결할 수 있다.

예를 들어 5살 수진이가 아빠와 함께 동물원에 갔다고 하자. 동물원에서 수진이가 처음 본 동물을 가리키자 아빠는 '기린'이라고 설명하며 "기린은 키가 매우 크단다"라고 설명했다고 하자. 다음에 TV를 보다가 높은 나무에서 맛있게 먹이를 먹는 동물이 나왔는데 해설자가 "기린은 높은 나무 꼭대기의 열매를 맛있게 먹고 있습니다"라고 설명했다고 하자. 반복하여 특정 패턴을 가지고 있는 동물을 기린이라고 말하는 것을 경험한 수진이는 다음에 그림책에 나온 기린을 보고 정확하게 기린이라고 말할 수 있을 것이다. 이렇듯 자신이 경험한 정보를 활용하여 현재의 문제를 해결하는 것이 경험적

한 권으로 시작하는 소프트웨어

추론 사고력이다.

알고리즘적 사고력(Algorithmic Thinking)은 단계별 절차를 통하여
문제를 해결하는 사고 능력이다. 알고리즘에 대해서는 뒤에서 자세
히 언급할 예정이니 여기서는 개념만 설명하기로 한다. 문제를 해결
하는 과정을 단계별로 설계하여 문제해결의 절차를 제시할 수 있는
것이 알고리즘적 사고력에 해당한다. 아래의 과정은 순서도의 개념
을 응용하여 문제해결 과정을 절차적으로 표시한 것이다.

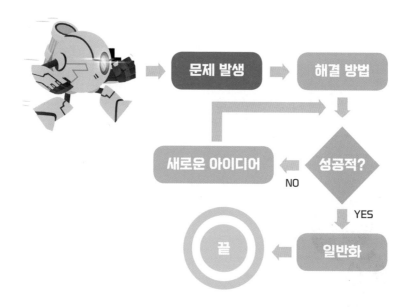

컴퓨팅 사고력은 문제해결을 위한 개념적 접근에 해당하며 단순한 코딩 능력으로 제한하지 않는다는 점을 기억해야 한다. 또한 컴퓨팅 사고력은 세상을 살아가며 경험하게 되는 수많은 문제들을 해결하기 위한 인간의 필수적 사고 요소에 해당하는 인간 고유의 기술이지, 컴퓨터의 사고력으로 해석해서는 안 된다는 점을 잊지 말아야 한다. 인간이 무한한 가능성을 가진 뛰어난 존재인 이유는 우리에게 컴퓨팅 사고력으로 문제를 해결할 수 있는 능력이 있기 때문이다.

한 권으로 시작하는 소프트웨어

**컴퓨터와
소통하는 언어로 만들어요!**

프로그래밍 언어

코딩이 무엇이며, 코딩 과정에서 요구되는 컴퓨팅 사고력에 대하여 이해가 되었다면, 이제 코딩을 작성하는 방법에 대하여 이야기해보기로 하자. ✎ 코딩이란 컴퓨터에게 명령을 지시하는 문장을 작성하는 것이므로 당연히 컴퓨터가 알아듣는 언어로 작성되어야 한다. 컴퓨터가 이해할 수 있는 언어로 코딩할 수 있도록 만들어진 것이 프로그래밍 언어이다. 프로그래밍 언어를 알아야 컴퓨터에게 코딩을 통해 일을 시킬 수 있다.

프로그래밍 언어는 어떤 문제를 해결하기 위하여 논리적이고 창의적인 사고력을 발휘하여 작성된 알고리즘을 코딩하여 프로그램으로 작성할 때 사용된다.

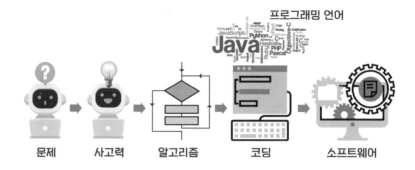

문제 → 사고력 → 알고리즘 → 코딩 → 소프트웨어

지구상에 존재하는 프로그래밍 언어는 매우 다양하다. 위키백과에 따르면 1945년부터 2017년까지 프로그래밍 언어는 거의 해마다 한 개 이상 탄생했다. 물론 중간에 사라진 언어도 있지만, 현재까지 공개된 프로그래밍 언어는 300가지가 넘는다. 당연히 존재하는 모든 프로그래밍 언어를 다 알고 있는 프로그래머는 없을 것이다. 마치 세상에 7,000여 개의 언어가 존재하지만 모든 언어를 구사할 수 있는 사람은 없는 것과 같다. 프로그램 개발자들은 수많은 언어 가운데 자신에게 익숙하며 빠르게 개발할 수 있는 언어를 사용하면 된다. 그러나 물론 7,000여 가지 언어 가운데 많은 인구가 사용하고 있는 것이 있다. 2018년 7월에 발표한 자료에 따르면 12억 9,900만 명이 중국어를 사용하고 있으며, 4억 4,200만 명이 스페인어를 사용하고, 그 뒤를 이어 118개국의 3억 7,800만 명이 영어를 사용한다고 한다. 이처럼 프로그래밍 언어 중에서도 많은 개발자들이 사용하는 순위가 있다. 물론 프로그래밍 언어의 선택은 프로그램이 실행될 컴퓨터의 유형, 프로그램의 종류, 프로그래머의 전문지식에 따라 달라질 수 있다. ✎2017 IEEE Spectrum이 조사한 바에 의하면 Python(파이썬)이 최고의 인기 프로그래밍 언어였으며, 그 다음이 C 언어, Java 및 C++ 등이었다. 이처럼 개발자들이 사용하는 전문 프로그래밍 언어가 있는가 하면, 교육용으로 사용하기 위한 교육용 프로그래밍 언어(Educational Programming Language)도 있다.

✎교육용 프로그래밍 언어 가운데 가장 널리 사용되고 있는 것은 MIT 미디어 연구소에서 개발한 Scratch(스크래치)이다. 앞에서 예시를 통해 만났던 엔트리와 같이 블록 기반의 프로그래밍 언어이다. 스크래치는 한국어로 번역된 것을 사용할 수 있기 때문에 미국에서 제작한 프로그래밍 언어이지만 우리나라 학생들이 사용하는 데도 큰 어려움이 없다.

이야기, 게임, 애니메이션을 창작하고
전세계 사람들과 공유하세요

바로 시작하기

예제 보기

스크래치 가입
무료!

40,078,566 개의 프로젝트가 공유된 창의적 학습 커뮤니티

반면 앞에서 검토한 엔트리(entry)는 국내에서 개발한 초등학생 및 중학생 대상 블록 기반의 프로그래밍 언어이다. 엔트리는 초·중등 학생 및 소프트웨어 교사 대상의 프로그래밍 콘텐츠를 개발하여 보급하고 있으며, ✎ 언플러그드(unplugged, 컴퓨터 없이 컴퓨터 과학적 사고를 향상시키는 학습 활동) 활동을 지원하는 게임 및 다양한 피지컬 컴퓨팅을 지원하고 있다.

스크래치나 엔트리는 실질적인 문제해결을 위하여 사용하는 프로그래밍 언어가 아니라 교육용으로 만들어졌다. 교육용 프로그래

한 권으로 시작하는 소프트웨어

밍 언어는 일반 프로그래밍 언어 학습 혹은 논리적/절차적 사고력 증진을 위한 도구로 개발되었기 때문에 코딩을 통하여 해결할 수 있는 문제 범위에 제한이 있다.

✎ 교육용 프로그래밍 언어가 아닌 전문 프로그래밍 언어 가운데는 python(파이선)을 주목할 필요가 있다. 앞에서 언급한대로 2017 IEEE Spectrum이 조사한 최고의 인기 프로그래밍 언어가 바로 python이기 때문이다. Python은 많은 개발자들이 선호하는 언어이면서 동시에 상대적으로 문법이 쉬워서 프로그램에 처음 입문하는 사람들에게 많이 추천된다. 나아가 무료 소프트웨어로서 누구나 쉽게 다운받아 사용할 수 있다. 또한 요즘 많은 관심을 받고 있는 데이터 사이언스 분야에서 가장 많이 사용되고 있는 언어 중 하나가 python이며, 통계학을 몰라도 쉽게 데이터 통계를 처리해 주는 뛰어난 언어이다. 또한 제공되는 다양한 패키지를 사용하여 코딩을 간편하고 효율적으로 할 수 있다는 장점이 있다. Python은 인터프리터 방식의 언어에 해당한다. '인터프리터 방식'은 코딩의 내용을 바로 실행시켜 주는 방식으로, 작성된 코드를 기계어로 우선 번역하는 컴파일러와 다르다. 다음의 예를 보면 쉽게 이해할 수 있다.

```
>>> print("즐거운 코딩 세상")
즐거운 코딩 세상
>>>
```

'>>>'의 표시는 '명령어를 받을 준비가 되어 있다'는 상태를 나타낸다. 여기서 입력된 명령어는 print()에 해당하며 괄호 안에 있는 내용을 화면에 출력하라는 뜻이다. 그리고 출력할 내용을 따옴표로 묶어서 제시한 결과, python은 입력된 명령어가 시키는 대로 괄호 안의 문장을 화면에 출력하고, 다음 명령어를 받을 준비를 하고 있다. 이와 같이 명령을 받아서 바로바로 처리해 주는 방식이 인터프리터 방식이다.

Python 다음으로 인기가 높았던 프로그래밍 언어인 C 언어의 경우, 하드웨어 제어가 가능하며 전공자에게 더 적절한 프로그래밍 언어에 해당한다. Python과 C 언어를 단적으로 비교한 다음의 내용을 살펴보기로 하자.

Python의 경우 명령어의 집합을 실행하면 한 번에 실행 결과를 보여준다. 반면 C 언어의 경우 "$gcc −o main *.c"라는 명령어를 거치고 "main"을 실행하였다. 이것은 C 언어가 컴파일이 필요한 언어이며, 컴파일을 완료한 후 대상 파일(여기서는 "main")을 실행하여 결

한 권으로 시작하는 소프트웨어

```python
#!/usr/bin/python3

print ("Hello, Python!")

#사칙연산
print(23.9 + 11.6)
print(2 - 11)
print(3.14 * 5.12)
print(10/3)
```

Result

Executing the program....
$python3 main.py

```
Hello, Python!
35.5
-9
16.076800000000002
3.3333333333333335
```

```c
#include <stdio.h>

int main()
{
    int x;
    float y;
    printf("Hello, World!\n");

    y = 23.9 + 11.6;
    printf("%f\n",y);
    x = 2 - 11;
    printf("%d\n",x);
    y = 3.14 * 5.12;
    printf("%f\n",y);
    y = 10/3;
    printf("%f\n",y);

    return 0;
}
```

```
$gcc -o main *.c
$main
Hello, World!
35.500000
-9
16.076799
3.000000
```

C 프로그램 실행 결과

과 값을 얻을 수 있는 것을 의미한다. 실행 방법에도 차이가 있지만 소스코드(Source Code: 코딩된 내용을 소스코드라고 함)를 봐도 확연히 C 언어가 복잡하고 어렵다. 하지만 언급한 대로 C 언어는 하드웨어를 직접 제어할 수 있기 때문에 목적에 따라서 C 언어를 사용해야만 하는 경우가 있다.

이와 같이 프로그래밍 언어는 매우 다양하며 여러 가지 목적에 따라 사용 가능한 언어가 구분될 수 있다. 만약 코딩을 이해하고 배우는 목적으로 적절한 프로그래밍 언어 선택을 고민하고 있다면, 엔트리 또는 python을 적극 추천하고 싶다.

한 권으로 시작하는 소프트웨어

어떻게 코딩할 것인지 설계하려면?

알고리즘

주어진 문제를 보다 효율적으로 해결하기 위해 여러 가지 해결 방법과 단계별 순서를 사고력에 적용하여 생각해 보고, 그중 가장 적합한 방법을 선택하여 실행한다. 이와 같이 어떤 문제를 해결하기 위하여 사고력을 통하여 찾아낸 절차나 방법을 알고리즘(Algorithm)이라고 한다. 알고리즘의 사전적 정의는 어떠한 문제를 해결하기 위하여 일련의 절차를 공식화된 형태로 표현하는 것이다. 예를 들어 십진수를 이진수로 바꾸는 방법, 가장 빨리 집에 도착하는 방법, 물건 값을 가장 적은 수의 지폐를 사용하여 지불하는 방법 등은 모두 알고리즘이라 할 수 있다.

여러 가지 상황과 조건을 고려해야 하는 복잡한 문제가 발생하는 경우에는 컴퓨터를 이용해 문제를 해결한다. 컴퓨터는 사람과 달리 스스로 문제를 이해하고 분석할 수 없기 때문에 어떤 동작을 어떤 순서로 처리해야 하는지 단계적으로 명확하게 지시해야 한다. 그러므로 컴퓨터를 이용하여 문제를 해결하고자 할 때는 논리적이고 체계적으로 정리된 알고리즘이 필요하며 제시된 알고리즘을 기준으로 프로그래밍 언어를 선택하여 코딩하는 것이다.

하나의 문제를 해결하는 방법은 여러 가지가 존재할 수 있다. 예를 들어 1에서 100까지의 합을 구하려면 1부터 100까지의 숫자를 하나하나 더해도 되지만 맨 앞의 숫자와 맨 뒤의 숫자의 합을 이용해 전체의 합을 구할 수도 있다.

한 권으로 시작하는 소프트웨어

1부터 100까지 숫자를 하나하나 더하는 방법은 단순하지만 시간이 오래 걸리고, 맨 앞의 숫자와 맨 뒤의 숫자의 합을 이용하는 방식은 아래와 같이 암산이 가능할 정도로 간단하다.

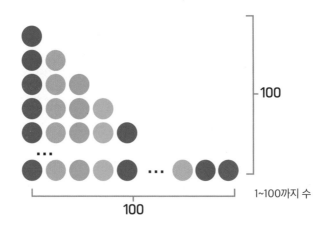

위의 그림과 같이 1부터 100까지의 합의 계산을 위하여 패턴 인식(규칙)을 적용하면 1+100, 즉 101이 50개 있음을 알 수 있고, 결과적으로 101 곱하기 50을 통하여 5050을 계산할 수 있다. 이처럼 같은 작업을 처리하는 경우에도 어떤 알고리즘을 사용하느냐에 따라 걸리는 시간과 정확도가 다르다. 따라서 주어진 문제에 대한 논리적이고 정확한 알고리즘을 찾아내야 문제해결을 효율적으로 할 수 있다.

알고리즘은 효율성을 중요시 여기며, 시간적 효율성과 공간적 효율성으로 알고리즘을 평가할 수 있다. 시간적 효율성은 수행 시간이 짧은 것을 더 효율적인 알고리즘으로 평가하며, 공간적 효율성은 메모리 공간을 적게 사용하는 것을 효율적인 알고리즘으로 평가한다. 용어들이 웬지 낯설어 알고리즘이라는 것이 우리의 일상생활과 별로 관계가 없다고 생각할 수도 있을 것이다. ✎ 그러나 우리는 일상 속에서도 끊임없이 문제를 해결해야 하며, 이때 문제해결을 위하여 어떤 절차적 또는 단계적 접근을 시도하고 있다. 이미 우리는 알고리즘을 적용하여 문제를 해결하고 있는 셈이다. 예를 들어 화분에

화분에 흙 채우기   흙에 구멍내기   구멍에 씨앗심기

햇빛 쬐기   흙에 물주기   씨앗을 흙으로 덮기

씨앗을 심어 키우고 싶은 경우라고 생각하자. 씨앗을 화분에 성공적으로 심기 위해서는 일련의 작업을 단계적으로 진행해야 한다.

위와 같은 절차를 따르지 않고 씨앗을 심는다면 씨앗이 자라나 꽃을 피우기 힘들 것이다. 이렇듯 어떤 일들을 성공적으로 실행하기 위하여 일의 순서를 정의하고 개념적으로 절차를 정리하는 것이 알고리즘이다.

코딩을 하기 위해서 우리는 어떻게 문제를 해결할 것인지 즉, 코드를 어떤 순서로 구성할 것인지 단계별로 과정을 계획하고 절차를 나열할 수 있어야 한다. ✎ 즉, 코딩의 내용을 어떻게 구성할 것인지 설계하는 과정이 필요하며, 이것이 바로 알고리즘이다. 결국 알고리즘은 문제해결을 위한 명령어들의 유한 집합의 구성을 정의하는 것이다.

설계 내용을 정리해 주세요!

순서도

알고리즘은 문제해결을 위하여 설계된 내용이며 사고력의 결과물이다. 알고리즘을 표현하기 위하여 다음의 세 가지 방법이 적용될 수있다.

- 자연어로 표현하기
- 의사코드로 표현하기
- 순서도로 표현하기

✎ 가장 먼저 우리가 일상에 쓰는 자연어를 사용하여 알고리즘을 표현할 수 있다. 화분에 씨앗 심는 과정의 설명은 자연어로 표현하는

것이 가장 적절할 것이다. 그러나 일반적으로 코딩을 위한 알고리즘은 자연어를 사용하여 표현하는 것이 가능하기는 하지만 적절하지는 않다. 만약 1부터 100까지의 합을 구하는 문제를 위한 알고리즘을 자연어를 사용하여 표현한다면 다음과 같다.

시작 값을 i로 이름 붙이고 i의 값에 1을 저장한다.
합계를 계산할 값을 sum이라 하고 0을 저장한다.
반복의 시작을 알려서 이곳으로 돌아올 수 있도록 기억한다.
i 값과 sum 값을 더하여 sum 값에 저장한다.
i 값을 1 증가한다.
만약 i가 100보다 작거나 같으면
      반복 시작을 알린 곳으로 돌아간다.
100번의 반복을 끝냈으면, sum 값을 출력한다.

위의 알고리즘을 python으로 코딩한다면 다음과 같다.

```python
sum=0
for i  in range(1,101):
    sum=sum+i
print(sum)
```

8줄로 길게 설명하며 자연어로 표현한 내용이 4줄의 명령어로 코딩되었다.

한 권으로 시작하는 소프트웨어

알고리즘은 어떠한 프로그래밍 언어를 사용해도 구현 가능하도록 설계되어야 하므로 일반적으로 특정 언어로 표현하지 않는다. ✎ 어느 특정 프로그래밍 언어의 문법에 제한받지 않고 간결하게 표현하는 방식이 의사코드(pseudo code) 표현이다. 자유롭고 알기 쉬운 형식으로 특정 프로그래밍 언어의 지식이 없어도 이해할 수 있도록 표현하기 때문에 의사코드 표현 방식은 널리 사용되고 있는 알고리즘 표현 방식이다. 1부터 100까지의 합을 구하는 문제의 의사코드 표현은 다음과 같다.

```
i=1
sum=0
begin
    sum=sum+i
    i=i+1
    if i <=100 then go to begin
print sum
```

의사코드 표현 방식은 특정 프로그래밍 언어의 문법에 제한을 받지 않으며 누구나 읽으면서 어떠한 내용을 처리하고 있는지 이해할 수 있는 표현 방식이다. 의사코드 표현 방식은 영어로 간결하게 표현되는 알고리즘 표현방식이라고 이해해도 된다.

마지막으로 순서도(flowchart)로 알고리즘을 표현할 수 있다. 1에서 100까지의 합을 구하는 알고리즘의 순서도 표현은 다음과 같다.

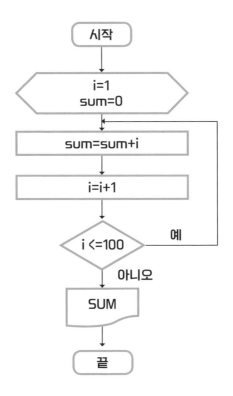

순서도는 처리 단위 하나하나를 약속된 다이어그램 표현 방식으로 나타내는 알고리즘 표현 방식이다. 순서도에서 사용되는 대표적인 기호는 다음과 같이 정리된다.

한 권으로 시작하는 소프트웨어

	단말	순서도의 시작과 끝
	흐름선	작업 흐름을 표시
	준비	변수 및 초기값 설정
	처리	처리할 작업 표시
	입출력	자료의 입력 및 출력
	판단	조건에 따라 흐름선 선택 (예/아니오)
	프린트	프린터를 이용한 출력

간단한 프로그램을 설계한 알고리즘 표현 방식으로는 순서도가 가장 보편적으로 사용된다. 보기에 명료하고 약속된 기호를 통하여 처리하고자 하는 내용을 정확하게 파악할 수 있기 때문이다. 그러나 너무 복잡한 처리 과정으로 구성된 알고리즘의 경우에는 순서도 표현 방식이 적합하지 않다.

명령을 내려주세요!

 # 순차문 # 선택문 # 반복문

문제를 이해하고, 사고력을 통하여 해결 방법을 설계하여 알고리즘을 작성하였다면, 이제 알고리즘을 기반으로 코딩을 해야 할 차례이다. 설계된 내용을 코딩으로 작성하는 것이며, 코딩은 컴퓨터에게 명령문을 전달하는 과정에 해당한다. ✎ 코딩으로 작성되어 프로그램의 흐름을 구성하는 데 사용되는 문장들, 즉 문제해결을 위한 명령문들을 제어문이라고 한다. 결과적으로 코딩은 제어문을 작성하는 것이다. 실행의 흐름을 제어한다는 의미이다. 제어문은 크게 세 가지로 구분된다. ✎ 차례대로 처리하는 순차문, 조건에 따라 처리하는 선택문, 반복하여 처리하는 반복문이 이에 해당한다.

순차문

코드가 순서대로 한 줄씩 실행되는 경우에 해당한다. 엔트리에서 로봇 고양이를 오브젝트로 적용한 순차문의 예는 다음과 같다.

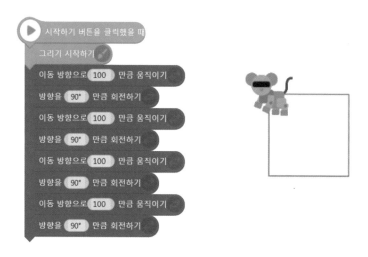

명령문을 계속하여 나열하면서 위에서부터 차례로 실행하게 하면 위와 같이 로봇 고양이가 네모를 그리는 프로그램이 실행된다. Python의 경우 다음과 같은 예시가 순차문에 해당한다.

```
x=528
y=42
print('x + y = ', x+y)
print('x - y = ', x-y)
print('x 나누기 y의 몫 = ', x//y)
print('x * y = ', x*y)
```

```
x + y =  570
x - y =  486
x 나누기 y의 몫 =  12
x * y =  22176
```

Python 코드   실행 결과

x와 y의 값을 정한 뒤 두 값에 대하여 사칙연산 결과를 출력하는 프로그램을 순차문으로 작성하면 오른쪽과 같은 결과 값이 화면에 표시된다. 순차문은 단순한 명령들이 순차적으로 처리되는 명령문에 해당한다고 이해할 수 있다.

선택문

선택문은 어떤 조건을 비교한 후 비교의 결과에 따라 선택하여 실행하는 명령문이다. 비교의 내용이 참일 때만 특정 내용을 실행하게 할 수 있으며, 또는 참일 때와 거짓일 때 구분하여 서로 다른 내용을 실행하게 할 수 있다. 엔트리 언어에서의 선택문 예시는 다음과 같다.

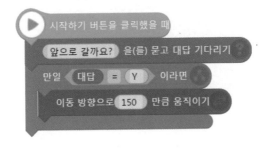

앞으로 가고 싶은지 물어본 후 앞으로 가고 싶다고 대답하면 앞으로
이동하고, 아닌 경우는 그 자리에 그대로 남는 프로그램 코드이다.
실행 결과는 앞에서와 같이 대답에 Y가 입력된 경우 엔트리봇이 이
동한다.

결과가 참과 거짓일 때 서로 다른 명령을 실행하는 경우의 엔트
리 예시는 다음과 같다.

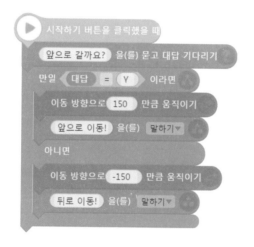

이번 예시는 앞으로 가고 싶다고 대답하면 앞으로 이동하고, 아
니라고 대답하면 뒤로 이동하는 프로그램이다. 프로그램을 실행하
면 다음의 결과 중 하나가 실행된다.

Python에서의 선택문을 살펴보기로 하자.

```python
x=input("파이선을 좋아 하십니까? (Y/N) ")
if x=='Y':
    print("훌륭한 프로그래머가 되시길 바랍니다!")
```

Python을 좋아하는지 물어본 후, 만약 답에 'Y'를 입력하면 훌륭한 프로그래머가 되라는 격려의 말을 출력하는 프로그램이다. 프로그램을 실행한 결과는 아래와 같다.

```
파이선을 좋아 하십니까? (Y/N) Y
훌륭한 프로그래머가 되시길 바랍니다!
```

만약 답이 'Y'가 아닌 경우에도 특정 문장을 출력하고자 할 때는 아래와 같이 코드를 구성하면 된다.

```
x=input("파이선을 좋아 하십니까? (Y/N) ")
if x=='Y':
    print("훌륭한 프로그래머가 되시길 바랍니다!")
else:
    print("엔트리 코딩에 도전해보세요!")
```

위의 프로그램을 실행하면 다음 두 가지 중 하나의 결과물이 나오게 된다.

파이선을 좋아 하십니까? (Y/N) Y
훌륭한 프로그래머가 되시길 바랍니다!

파이선을 좋아 하십니까? (Y/N) N
엔트리 코딩에 도전해보세요!

프로그램을 작성하며 제어문을 만들 때 특정 조건에 따라 어떤 명령문을 구성할 것인지 판단하여 조건에 따른 명령문을 작성할 수 있어야 하며, 때로는 조건 안에 또 다른 조건이 주어지는 중첩 조건문을 구성할 수도 있어야 한다.

반복문

어떤 조건이 만족하는 동안 또는 몇 번이 될 때까지 반복하여 특정 내용을 실행하도록 하는 명령문이 반복문이다. 반복문을 사용할 수 있는 것은 효율적 측면에서 꼭 필요하다. "반가워요!"라는 문장을 10번 반복하고자 할 때 명령문을 10개 구성하는 것보다 반복하여 10번을 출력하도록 구성하는 것이 사고력이 반영된 효율적인 프로그램이기 때문이다. 다음은 반복문 없이 10번의 "반가워요!"를 출력하는 프로그램이다.

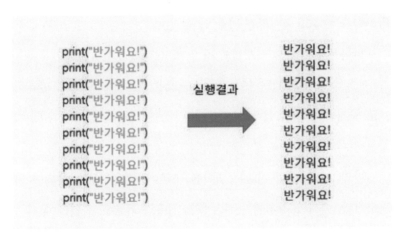

똑같은 결과물을 반복문을 사용하여 만든다면 프로그램은 아래와 같다.

두 가지 방법의 코드를 비교하면 당연히 반복문으로 구성된 명령문이 훨씬 효율적이라는 것을 알 수 있다.

반복문은 접근하는 개념에 따라 세 가지로 구분할 수 있다.

'for'의 개념을 적용하는 경우 1분, 2분, 3분…… 이렇게 반복적으로 숫자를 세면서 실행하는 것이다. 그림처럼 '40분 동안' 달려야 하는 것이다.

반면 'while'문의 개념은 주어진 조건이 참인 경우 반복되는 명령문이다. 예시의 경우에는 과체중인 경우는 계속해서 달려야 하는 것이다.

'until' 개념의 반복문은 조건이 거짓일 때 반복되는 명령문에 해당한다. 즉, 10킬로그램이 빠지는 조건이 거짓인 경우 계속 뛰어야 하는 상황이다. ✎ 결론적으로, for는 횟수를 계산할 수 있는 경우,

while은 조건이 참인 경우, until은 조건이 거짓인 경우 반복하여 명령문을 실행하는 것이다. 위의 내용을 앞에서 검토한 순서도를 적용하여 나타내면 다음과 같다.

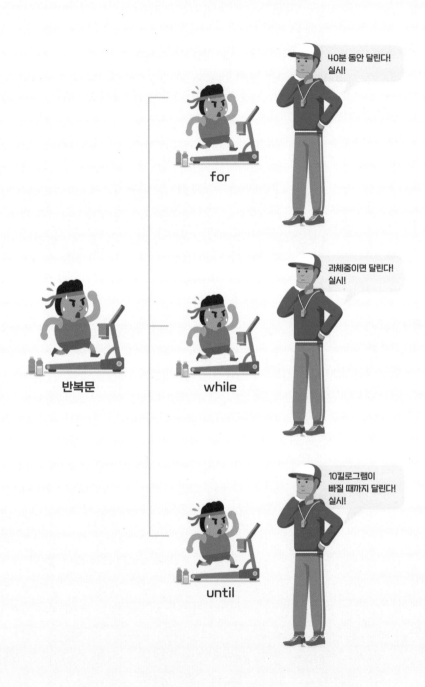

한 권으로 시작하는 소프트웨어

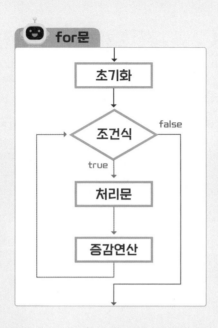

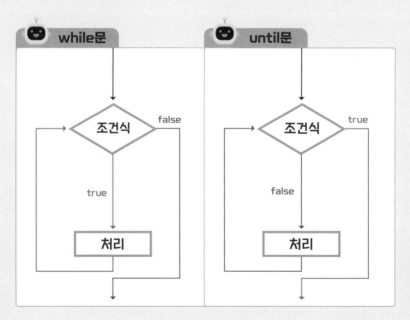

앞에서 언급하였듯이 반복문을 쓰지 않아도 같은 결과물을 만들 수 있다. 그러나 반복문을 적용한 프로그램과 그렇지 않은 프로그램의 효율은 엄청난 차이가 있다. 또한 반복문을 구성할 때 어떻게 구성할 것인지 적절한 반복문의 형태를 적용하여 작성하기 위해서는 컴퓨팅 사고력이 절대적으로 필요하다. 결국 컴퓨팅 사고력이 부족한 경우 비효율적인 문제해결 방법에 그칠 수밖에 없는 것이다.

지식보다 귀한
창의력의 가치를 아시나요?

창의력

지금까지 문제해결을 위한 사고력과 절차를 제시하는 알고리즘에 대하여 설명하였다. 그러나 때로는 문제해결을 위하여 창의적인 접근이 필요하다. 문제해결의 시작은 정확한 문제 인식에서 시작되어야 한다. 눈에 보이는 현상만을 가지고 문제를 해결하려고 할 때는 원하지 않는 결과에 도달할 수 있다. 예를 들어 다음의 경우를 생각해보기로 하자.

'코딩봇'은 요즘 들어 계속 배가 고프다며 짜증을 내고 있다. 배가 고프다고 하니 코딩봇의 주인은 먹을거리를 계속 주었다. 그런데 만약 코딩봇이 정말 배가 고파서 그런 것이 아니라 스트레스로 인해 음식을 원했던 거라면 주인은 문제 인식을 잘못하고, 드러난 현상에

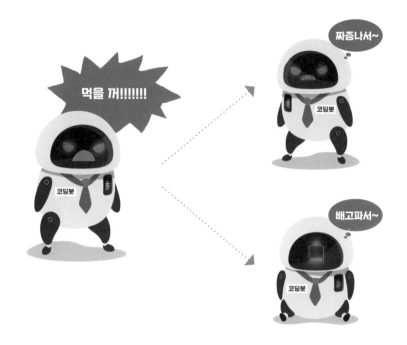

따라 모두가 보편적으로 취하는 문제해결 방법을 취한 것이다. 이 문제해결 방법은 문제를 더욱 악화시킬 수 있다.

코딩봇의 배고픔을 해결하기 위하여 단순히 음식을 주는 것이 아니라 행여 문제의 원인이 스트레스일 가능성을 생각하여 스트레스를 풀 수 있도록 즐거운 대화를 하며 배고픔을 채울 수 있도록 한다면, 나중에 코딩봇이 살이 쪄서 또 다른 스트레스가 발생하는 것을 막을 수 있을 것이다. 이러한 문제해결은 상식적 문제해결을 넘

한 권으로 시작하는 소프트웨어

어선 창의적 문제해결이라 할 수 있다.

   🖉문제해결을 정확하게 하기 위해서는 창의적 문제해결을 할 수 있어야 하며, 창의적 문제해결에 필수적으로 요구되는 것은 바로 상상력이다. 우리 모두가 알고 있는 아인슈타인은 "한 숟가락의 상상력이 한 트럭의 지식보다 더 중요하다"라고 말했다. 우리는 상상력을 동원해 창의적 문제해결을 해야 한다.

   지금처럼 대부분의 사람들이 스마트폰을 사용하게 될 것이라 예측한 사람은 많지 않았다. 1973년 모토로라가 핸드폰을 대량 생산하기 시작했을 때도 이렇게 널리 보급될 거라 아무도 상상하지 못했다. 그러나 이제 지구별 사람 모두가 스마트폰을 놀라운 신기술로 여기지 않는다. 그저 자연스러운 일상 기기로 생각한다. 이러한 발전은 '집에서만 하는 전화를 들고 다닐 수 있으면 더 편하지 않을까?'라는 창의력에서 시작되었으며, '컴퓨터를 핸드폰 안으로 데려가면 얼마나 좋을까?'라는 상상력에서 놀라운 기술 변화가 이루어진 것이다.

   🖉즉, 지식은 누구나 가질 수 있지만 창의력은 세상을 변화시키고 새로운 기술을 세상에 탄생시킬 수 있는 무한한 가치인 것이다. 코딩의 주제로 돌아가서, 프로그래밍 언어를 학습하여 문법을 이해하고 명령어를 작성하는 것은 지식에 해당한다. 이러한 지식은 누구나 공부하면 갖출 수 있다. 그러나 사고력을 성장시켜 창의력을 적

용한 문제해결 방법은 아무나 할 수 없다. 그 문제의 해결을 위하여 끝없이 고민하고 창의적 발상을 적용한 사람이 할 수 있다. 무한경쟁의 시대로 돌입하는 4차 산업혁명 시대에 남들이 모두 다 알고 있거나 인터넷에 물어보면 쏟아져 나오는 지식만을 자신의 경쟁력으로 가지고 싶은가, 아니면 사고력을 훈련하고 창의력을 더하여 자신만의 창의적 문제해결을 경쟁력으로 내세울 것인가! 그 선택은 자신의 도전 여하에 달려 있을 것이다.

창의적 문제해결 능력이 답!

문제해결 과정의 중요성은 앞서 충분히 설명했으며, 그 과정에서 사고력은 필수적 요소이고, 더 나아가 창의력이 중요하다고 언급하였다. 이제 독자들은 문제해결 능력을 키우기 위하여 코딩을 경험하는 것이 얼마나 가치 있고 소중한지 충분히 깨달았을 것이다. 코딩을 경험하는 소프트웨어 교육은 결코 어려운 과정이 아니고 스스로 즐겁게 익힐 수 있는 것임과 동시에 몰입 과정을 통하여 스스로의 사고력을 심화 발전시킬 수 있는 것이다.

적성과 재능이 있는 학생이 글로벌 인재로 성장하기 위해서는 적극적인 지지가 필요하다. 그러기 위해서는 획일적인 성적 평가와 틀에 박힌 교육 과정이 사라져야 한다. 우리가 글을 알고 문장을 쓸 수 있다고 모두 작가가 되는 것은 아닌 것처럼, 코딩을 할 수 있다고 모두 다 소프트웨어 개발자가 되는 것은 아니다. 문제가 무엇이지 정확하게 찾아내고, 그 문제해결을 위한 아이디어를 창의적 사고력과 논리적 사고력을 통하여 제시하고, 소프트웨어를 설계하여 이 세상에 도움이 되는 소프트웨어를 탄생시켜야 한다.

모두가 소프트웨어 개발자가 될 필요는 결코 없다. 그러나 자신의 영역에서 인정받고 자신의 인생을 주도적으로 이끌어가기 위해서는 문제해결 능력이 반드시 필요하다. 앞서 말했듯이 남들과 똑같은 문제해결로는 더 나은 세상을 만드는 핵심 역할을 담당할 수 없다. 창의적 문제해결 방법을 제시할 수 있어야만, 이 세상을 변화시키고 더 나은 세상을 만들 수 있는 세상의 주인공이 될 수 있다.

✎ 이 책을 읽는 모든 독자들이 창의적 문제해결 능력의 중요성을 깨닫고 어느 영역에서도 당당히 인정받는 사람이 되기를 바란다.

문제해결 능력

Ⅳ. 코딩으로 준비하는 미래 인재

앞에서 우리는 컴퓨터, 특히 컴퓨터를 컴퓨터답게 만들어주는 소프트웨어에 대하여 주로 살펴보았다. 또한 4차 산업혁명 시대로 접어들면서 모두에게 주목받고 있으며, 세상의 중심에 위치한 소프트웨어를 만드는 것은 코딩에서 시작하고 있음을 언급하였다. 코딩보다 더욱 중요한 것은 '컴퓨팅 사고력'이며, 이 모든 것들 위에 그 가치를 더하는 것은 '창의적 문제해결 능력'이라는 것까지 연결해서 이야기를 펼쳤다.

세상은 변화하고 있으며, 변화하는 세상에 적응하기 위해서는 소프트웨어를 이해해야 한다. 그러나 소프트웨어를 이해하는 것만으로는 앞으로 다가올 미래 세상에서 주인공이 될 수 없다. 소프트웨어를 이해하는 것에서 더 나아가 소프트웨어를 만들어낼 수 있어야 한다. 그렇다고 모두가 프로그래머가 되라는 뜻은 아니다. 본인이 프로그램을 작성할 수 없더라도, 프로그램을 만들어 문제를 해결할 수 있는 방법을 제시할 수 있어야 한다. 그것도 평범한 방법이 아닌 창의적인 방법으로 말이다.

프로그램을 만드는 것이 바로 코딩이 아니냐고 물을 수 있다. 그러나 자신이 프로그램을 직접 만들지 않더라도 프로그램의 구성 원리 즉, 소프트웨어를 만드는 코딩의 원리를 이해하고 있다면, 그 원리에 알맞게 문제해결 방법을 제시할 수 있다. 그 문제해결 방법에 따라 코딩 기술이 뛰어난 누군가 혹은 코딩을 직접 할 수 있는 인공지능이 제시한 문제해결 방법대로 소프트웨어를 만들 수 있다. 즉, 우리는 '코딩을 직접 하는 사람'이 아니라도 '코딩을 통하여 문제해결을 할 수 있는 사람'으로 성장해야 한다. 사실 계속해서 코딩을 이야기하지만, 실제는 문제해결에 대하여 이야기하는 것이다. 변화하는 시대에 반드시 필요한 문제해결력을 제시하기 위하여 코딩으로 미래를 준비할 수 있기를 바란다.

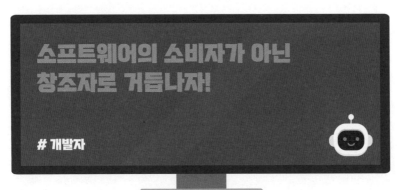

**소프트웨어의 소비자가 아닌
창조자로 거듭나자!**

 # 개발자

우리가 살아가는 이 시대에 태어나는 아이들은 모두 디지털 원주민이다. 태어나면서부터 컴퓨터와 다양한 디바이스, 그리고 인터넷 속에서 살아간다. 우리가 매일 삶 속에서 숨 쉬며 살아가듯, 매일 모든 순간에 컴퓨터 또는 스마트폰을 접하며 살아간다. 요즘 아이들에게 컴퓨터나 소프트웨어는 낯설거나 어려운 대상이 전혀 아니다. 그러나 그저 단순하게 사용만 하는 소비자로 머무는 것과 직접 소프트웨어를 만들 수 있는 창조자로 거듭나는 것은 엄청난 차이가 있다.

예를 들어 밥을 지을 줄 몰라서 매일 즉석밥을 사 먹는다고 생각해 보자. 자신의 입맛에 맞으면서 건강을 챙기려고 현미와 찹쌀을 섞은 뒤 콩을 넣은 밥을 먹을 수 있는 기회가 즉석밥을 사서 먹는 사람에게는 주어지지 않는다. 여기서 쌀이나 콩을 직접 재배하라는 것이 아니다. 또한 무조건 냄비에 밥을 하라는 것도 아니다. 밥은 전기밥솥에게 시켜도 된다. 그러나 현미, 찹쌀, 콩의 비율을 알아야 하며, 물을 얼마나 부어야 하는지, 미리 불려야 하는지, 취사 종류를 무엇으로 지정해야 하는지 등을 알아야 원하는 밥을 할 수 있다.

단순히 만들어진 즉석밥만 먹는 사람이 아니라 원하는 밥을 만들어 먹을 수 있는 사람이 되는 것처럼, 다른 사람이 만든 소프트웨어를 사용만 하는 것이 아니라 필요한 소프트웨어를 만들어 사용할 수 있는 프로그래머(우리는 소프트웨어 개발자라고 함) 아니면 적어도 만드는 방법을 이해할 수 있는 사람이 되라고 권하는 것이다. 소프트웨어 창조자인 개발자가 되기 위해서는 생각하는 방법을 훈련해야 한다. '생각' 즉 '사고력'을 통하여 문제해결 방법을 찾을 수 있기 때문이다.

✎ 소프트웨어를 개발할 때는 누군가에게 더 나은 삶을 선물할 수 있어야 하며 세상에 가치 있는 것을 창조해야 한다. 가장 위험한 것은 개발자의 능력은 있으나, 세상을 위한 공헌에는 관심 없고 자신만의 이익을 취하려고 소프트웨어를 개발하는 사람이다. 그런 개발자가 만든 창조물은 누군가의 삶을 황폐하게 만들 수도 있으며 가치 있는 것을 무의미하게 만들 수도 있다.

소프트웨어 개발자는 우리와 먼 사람들이 아니다. 페이스북의

창업자 마크 저커버그(Mark Zuckerberg)는 "코딩을 할 수 있다면, 무엇인가를 만들어낼 수 있고, 누구도 당신을 막을 수 없다"라고 말했다. 소프트웨어는 이 세상에 탄생하는 순간, 인터넷을 통하여 세계적으로 급속도로 퍼져나갈 수 있다. 만약 코딩을 할 줄 알고 창의적 사고력을 가지고 문제해결 능력이 있다면, 소프트웨어를 만드는 것은 결코 어려운 일이 아니다.

바람 불고 비오는 날 버스정류장에 서서 무작정 버스를 기다리는 대신 앱을 통해 버스가 올 시간을 미리 확인하고, 비바람을 피해 근처 건물 안에서 기다리다가 버스를 타는 것이 요즘은 너무나 당연하다. 카카오가 인수하여 지금 천만 명이 사용하고 있는 '카카오버스'의 시작(전신)인 '서울버스' 앱을 개발한 개발자 유주완은 사람들의 생활을 조금 더 이로운 쪽으로 변화시킬 수 있는 무언가를 만들고자 이 앱을 개발했다고 한다. 이 앱을 개발할 당시 고등학교 2학년에 재학 중이었다. 누군가 시켜서 개발한 것이 아니라 자발적으로 필요성을 느끼고, 놀이처럼 직접 개발한

것이다. 이렇게 개발한 앱이 많은 사람들의 공감을 얻으면서 널리 쓰이게 된 것이다. 무언가를 개발한다는 것은 어렵고 힘들기만 한

것이 아니다. 코딩을 할 수만 있다면, 누구나 가능하다.

이전에는 누군가의 발명품이 많은 사람들에게 영향력을 끼치려면 오랜 시간이 걸렸다. 생산을 위한 추가적인 작업들이 생기기도 힘이 들었다. 그러나 소프트웨어는 인터넷을 통해 짧은 시간에 수많은 사람들에게 엄청난 영향을 끼칠 수 있다. 이러한 놀라운 파급력을 가진 발명품은 소프트웨어가 유일하다. 소프트웨어는 생산 라인이 필요한 것도 아니고, 사용을 위해 일일이 영업을 할 필요도 없다. 개발할 수 있는 사람이 많으면 많을수록 세상은 더 많은 편리함과 효율성을 누릴 수 있다. 즉, 누구라도 창조자가 되어 우리 삶을 풍요롭게 하는 소프트웨어를 개발할 수 있다. 이러한 소프트웨어를 창조하는 개발자가 되어 사람들에게 도움이 되는 무언가를 남길 수 있다면, 그것보다 멋진 일이 있을까? 단순히 만들어진 소프트웨어를 사용만 하는 소비자로 살아갈 것인가, 아니면 스스로 소프트웨어를 창조하여 멋진 개발자로 살아갈 것인가! 그 선택은 코딩을 할 수 있는 모든 사람들에게 던져진 도전일 것이다.

한 권으로 시작하는 소프트웨어

소프트웨어 기초교육은 초등학교부터 시작됩니다

 # 초등학교 교육 # 소프트웨어 기초교육

코딩 또는 소프트웨어 교육은 기회가 될 때 천천히 해도 된다고 생각한 사람들은 이제 긴장해야 한다. 대한민국은 미래사회를 살아가는 데 반드시 필요한 능력 함양을 위하여 핵심역량으로 소프트웨어를 반영해 교육 과정의 주요 방향을 제시하였다.

일반적인 생활에 국한된 것이 아니라 사회 모든 분야에서 소프트웨어 중심사회가 실현되도록 정부는 어떻게 대처하고 있을까? 미래창조과학부에서는 초·중·고 소프트웨어 교육 강화를 통하여 소프트웨어 중심사회 실현을 도모하고 있으며, 더 나아가 모든 대학에 실전 소프트웨어 전문 교육이 가능하도록 사업을 추진하고 있다. 또한 범국가적 소프트웨어 추진 기반 구축을 통하여, 소프트웨어 기반의 새로운 시장 창출을 꾀하고 있다. 이것은 국가가 국민 모두가 소프트웨어를 이해하고 소프트웨어 중심사회의 일원으로 살아가도록 노력하고 준비하고 있는 것을 보여준다.

✎ 초등학교에서 소프트웨어 교육은 2019년부터 필수로 지정되어 5~6학년 실과 과목에서 정보통신 기술(ICT) 활용을 통하여 소프트웨어 기초 함양을 이루고자 한다. 또한 배움을 즐길 수 있는 행복교육이 가능하도록 교과의 학습량을 적정화하면서 필요한 내용을 충분히 학습할 수 있도록 17시간 이상 교육 시간을 확보하도록 하였다. ✎ 초등학교에서 학습 내용은 놀이 중심 활동으로 이루어지며, 교육용 프로그래밍 언어를 통하여 문제해결 방법을 체험 중심으로 쉽고 재미있게 배울 수 있도록 구성되어 있다. 소프트웨어를 어렵고 힘든 과목이 아니라 즐기며 익힐 수 있는 과목으로 받아들일 수 있도록 교육 과정이 초등학교부터 개편된 것이다.

앞에서도 계속 언급하였지만, 단순히 코딩을 할 수 있는 지식에 머무는 것이 아니라, 소프트웨어를 이해하고 절차적 문제해결을 수행하고 프로그래밍 요소와 구조를 이해하여, 소프트웨어를 탐색하고 활용 및 적용하며 설계할 수 있는 단계로 확장할 수 있어야 한다. 소프트웨어 중심 세상과 소통할 수 있는 기본적 지식을 학습하고 습득하여 미래 사회에 대비하는 것이다. 세상과 소통할 수 있는 기술을 학습한 사람은 사회의 혁신과 발전에 기여할 수 있게 되며, 이러한 측면에서 초등학교 교육 또한 혁신을 위한 기술 활용이 이루어질 수 있도록 교육 내용을 포함하고 있다. 학생들이 '알 수 있는 교육'에 머무는 것이 아니라 '할 수 있는 것'에 교육의 목적이 있는 것이다.

초등학교 실과에서 포함하는 소프트웨어 교육 내용은 '소통과 혁신'이 핵심 개념이며, 다음의 다섯 가지 요소로 구성되어 있다.

① 소프트웨어의 이해
② 절차적 문제해결
③ 프로그래밍 요소와 구조
④ 개인 정보와 지식 재산 보호
⑤ 로봇의 기능과 구조

초등학교에서의 소프트웨어 교육 요소 중 첫 번째 항목인 '소프트웨어의 이해'는 소프트웨어가 가져온 생활 모습의 변화를 알아보는 것을 포함한다. 학생 스스로 소프트웨어로 인하여 변화된 생활 모습을 찾아보게 하여 소프트웨어가 어떻게 우리 삶을 변화시키는지 이해하도록 지도한다. 놀이 중심의 활동을 통하여 소프트웨어의 개념을 이해하도록 교육하므로, 컴퓨터가 없어도 다양한 놀이나 신체 활동을 통하여 소프트웨어의 기초 원리를 쉽게 이해할 수 있도록 언플러그드 교육으로 구성된다.

만약 초등학교 5학년 이전에 코딩 교육을 강요한다면 적성에 따라 거부하는 학생들이 있을 수 있다. 이런 경우 계속 코딩 교육을 강요하여 코딩에 대한 거부감이 생기도록 하는 것보다는 언플러그드 활동으로 소프트웨어 개념부터 익힐 수 있도록 하는 것이 중요하다. 컴퓨터에 거부감이 생긴 학생은 절대로 소프트웨어와 친해질 수 없으며, 소프트웨어와 거리감을 두고 있는 사람은 미래 사회에 주역으로 조명받기 힘들 수 있음을 유념해야 한다.

더 주목해야 하는 부분은 네 번째 요소인 '개인 정보와 지식 재산 보호'이다. 아이들은 태어나면서부터 정보 기기와 통신, 소프트웨

한 권으로 시작하는 소프트웨어

어 등의 기술들이 어우러져서 만들어진 디지털 세상에 해당하는 사이버 공간에 사는 '디지털 시민'이다. 대한민국에서 살면 대한민국 법을 지켜야 하듯이 디지털 시민이라면 지켜야 하는 기본예절이 있다. 디지털 시민으로 예절을 지키지 않는 경우, 타인에게 지울 수 없는 상처를 줄 수 있으며 심각할 경우 법적으로 처벌될 수도 있다.

'소프트웨어의 이해'로 시작된 소프트웨어 교육은 '혁신'의 개념으로 '기술 활용 영역'에 해당하는 '로봇의 기능과 구조'로까지 확장 발전하며, 중학교로 연결되어 교육 범위를 확장해 나간다. 교육부에서 제시하는 방향성은 소프트웨어 교육의 활성화를 목표로 삼으며, 목표를 위한 추진 전략과 기대 효과는 다음과 같이 정리된다.

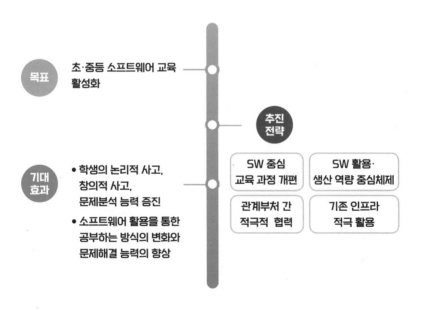

교육부가 이와 같이 초등학교부터 소프트웨어 교육을 강조하는 것은 미래형 창의 인재 양성을 통한 소프트웨어 중심사회 실현을 이루기 위함이다. 국가가 방향성을 제시하며 준비할 만큼 소프트웨어가 매우 중요한 주제임을 알 수 있다.

한 권으로 시작하는 소프트웨어

컴퓨팅사고력을 통한 실생활의 문제해결은 중학교 과정에서!

 # 중학교 교육   # 실생활의 문제해결

✎ 중학교에서의 소프트웨어 교육은 2018년부터 34시간 이상의 필수 교과로 지정되었으며, 실생활 문제해결 중심의 소프트웨어 교육으로 컴퓨팅 사고 기반 문제해결 실시와 간단한 알고리즘 및 프로그래밍 개발을 포함하고 있다. 교육용 프로그래밍 언어를 통하여 소프트웨어의 기초적인 개념과 원리를 이해하고, 이를 실생활의 문제해결에 적용할 수 있게 '정보' 과목에서 소프트웨어 교육을 담당한다. 소프트웨어 교육 영역과 핵심 개념 및 내용 요소는 다음에 나오는 표와 같다.

소프트웨어 교육은 코딩 경험을 통하여 소프트웨어의 기본적인 개념과 원리를 이해하고, 다양한 문제를 창의적이고 효율적으로 해

영역	핵심 개념	내용 요소
정보 문화	정보사회	• 정보사회의 특성과 진로
	정보윤리	• 개인 정보와 저작권 보호 • 사이버 윤리
자료와 정보	자료와 정보의 표현	• 자료의 유형과 디지털 표현
	자료와 정보의 분석	• 자료의 수집 • 정보의 구조화
문제해결과 프로그래밍	추상화	• 문제 이해 • 핵심 요소 추출
	알고리즘	• 알고리즘 이해 • 알고리즘 표현
	프로그래밍	• 입력과 출력 • 변수와 연산 • 제어 구조 • 프로그래밍 응용
컴퓨팅 시스템	컴퓨팅 시스템의 동작 원리	• 컴퓨팅 기기의 구성과 동작 원리
	피지컬 컴퓨팅	• 센서 기반 프로그램 구현

결할 수 있는 컴퓨팅 사고력을 기르는 교육이다. 이러한 소프트웨어 교육을 통하여 논리력과 문제해결력을 키울 수 있도록 하며, 확산적 사고를 통하여 문제해결 방법을 다양하게 찾아보도록 하고, 학생들

한 권으로 시작하는 소프트웨어

이 함께 문제해결 방법들을 구체화하기 위하여 소통과 협업을 경험하도록 한다. 또한 소프트웨어 교육을 쉽고 재미있게 학습하며 스스로 몰입하여 자기 주도적인 심화 학습이 이루어질 수 있도록 한다. 궁극적으로 소프트웨어 교육을 통하여 추구하는 인재상은 다음과 같다.

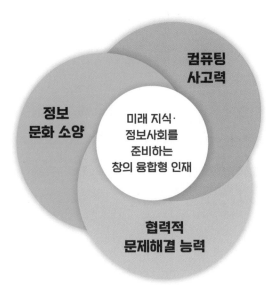

    ✎소프트웨어 교육은 전 국민을 프로그래머로 양성하는 게 목적이 아닌 미래 사회를 준비하는 '창의 융합형 인재 양성'임을 기억해야 한다. 창의 융합형 인재는 정보 문화 소양을 기본으로 컴퓨팅 사고력을 겸비해야 하며, 동시에 협력적 문제해결 능력이 있어야 한

다. 그러나 창의 융합형 인재의 실체를 정의하기란 쉽지 않다. 그렇기 때문에 아마도 몇몇 학부모들은 눈에 보이는 단순한 코딩 교육을 위하여 사교육에 도움을 청할 수 있다. 소프트웨어 사용 즉, 컴퓨터 사용에 대한 격차는 미리 경험한 학생과 경험하지 못한 학생 사이에 매우 클 수밖에 없다.

다행히 정부에서 제시하는 소프트웨어 교육의 방향성은 정보 교육 격차의 최소화를 지향한다. 그러나 사교육 시장이 확대되어 정보 교육의 격차가 현저하게 벌어지게 된다면, 분명 역기능 현상이 발생할 수밖에 없다. 이러한 역기능은 정보 교육의 경험이 적은 학생들에게만 발생되는 것이 아니라 사교육을 통하여 본인이 감당할 수 있는 사고력 이상을 강제적으로 주입하려는 다경험 학생들에게도 발생할 수 있다. 그렇기 때문에 학생들 스스로 사고력을 키우며 경쟁력을 갖출 수 있도록 학부모는 기다릴 수 있어야 한다. 창의 융합형 인재가 아닌 기계적 코딩 기술자로 자신의 자녀를 하락시킬 수 있기 때문이다.

학원에 가서 키보드를 두드리며 코딩 몇 줄을 더 했다고 창의 융합형 인재가 되는 것이 아니다. 본인 스스로 충분히 생각하며 문제해결 방법을 찾고자 할 때, 비로소 창의 융합형 인재로 거듭날 수 있는 것이다. 불행하게도 중학교에서 편성된 34시간 수업으로 컴퓨팅 사고를 기르는 것은 현실적으로 힘들다.

코딩의 개념, 컴퓨팅 사고는 단순히 우리나라에서만 강조하는 것이 아니다. 세계적으로 소프트웨어 교육 열풍이 불고 있다. 창의 융합형 인재로 거듭나라고 요구하고 있으며, 글로벌 경쟁력을 갖추어야 한다고 목소리를 높이고 있다. 하지만 현실적으로 34시간 교육만으로 컴퓨팅 사고 함양이 쉽게 이루어질 수는 없다. 학생들의 미래를 국가가 모두 책임질 수는 없기에, 학생들 스스로 코딩에 관심을 가지고 사고력을 키우고자 노력해야 하는 부분이 분명히 존재하는 것을 깨달아야 한다. 사교육 시장을 찾으라는 뜻은 절대 아니다. 우리가 유익한 책을 읽기 위하여 학원을 다니는 것이 아니라 스스로 책을 찾아 읽는 것처럼, 코딩도 스스로 터득하며 사고력을 키우는 것을 훈련해야 한다. 본인 스스로 문제를 정의하고 그것을 코딩하는 과정에서 자연스럽게 창의력과 융합적 사고력이 자랄 것이다.

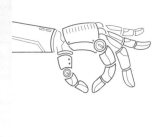

고등학교에서도 선택으로 공부해요

 # 고등학교 교육   # 컴퓨팅 사고력 활용

✎ 고등학교의 소프트웨어 교육은 2018년도부터 정보 과목의 심화 선택에서 일반 선택 과목으로 개편되어, 다양한 분야와 융합하여 알고리즘 및 프로그램을 설계할 수 있도록 개정되었다. 진로와 연계한 심화 내용으로 소프트웨어 교육을 실시하고, 다른 학문 분야의 문제를 창의적이고 효율적으로 해결할 수 있도록 소프트웨어 교육을 진행하는 것이다. 고등학교의 소프트웨어 교육은 중학교에서의 정보 과목의 연장선상에 있으며, 각 영역별 내용 요소는 다음 표와 같다.

고등학교 일반 선택의 정보 과목은 지식·정보사회를 올바르게 이해하고 정보사회 구성원으로서의 정보 윤리 의식, 정보 보호 능력, 정보 기술 활용 능력 등 정보 문화 소양을 갖추고 컴퓨터 과학의 기

영역	핵심 개념	내용 요소
정보 문화	정보사회	• 정보 과학과 진로
	정보윤리	• 정보 보호와 보안 • 저작권 활용 • 사이버 윤리
자료와 정보	자료와 정보의 표현	• 효율적인 디지털 표현
	자료와 정보의 분석	• 자료 분석 • 정보의 관리
문제해결과 프로그래밍	추상화	• 문제 분석 • 문제분해와 모델링
	알고리즘	• 알고리즘 설계 • 알고리즘 분석
	프로그래밍	• 프로그램 개발 환경 • 변수와 자료형 • 연산자 • 표준 입출력과 파일 입출력 • 중첩 제어 구조 • 배열 • 함수 • 프로그래밍 응용
컴퓨팅 시스템	컴퓨팅 시스템의 동작 원리	• 운영체제 역할 • 네트워크 환경 설정
	피지컬 컴퓨팅	• 피지컬 컴퓨팅 구현

본 개념과 원리를 바탕으로 실생활 및 다양한 학문 분야의 문제를
창의적으로 해결하는 컴퓨팅 사고력 및 네트워크 컴퓨팅 기반 환경

의 다양한 공동체에서 협력적 문제해결력을 기르기 위한 과목에 해당한다. 중학교 정보 교과 과정과 같이 고등학교 정보 과목의 내용은 '정보 문화', '자료와 정보', '문제해결과 프로그래밍', '컴퓨팅 시스템' 영역으로 구분되며, '정보 문화'와 '자료와 정보' 영역은 정보사회 구성원으로서 갖추어야 할 기본 소양을 증진하는 데 중점을 둔다. '문제해결과 프로그래밍'과 '컴퓨팅 시스템' 영역은 컴퓨터과학을 토대로 한 실생활 및 다양한 학문 분야의 문제해결 능력 신장에 중점을 두고 있다. 영역과 핵심 개념은 중학교 정보 교과 내용과 동일하게 적용되며, 내용 요소에 차이가 있다.

고등학교 정보 과목의 교육 목표는 실생활 및 다양한 학문 분야의 문제를 창의적이고 효율적으로 해결하는 능력과 협력적 태도를 기르는 데 중점을 둔다. 그리하여 다양한 학문 분야의 복잡한 문제해결을 위해 정보 기술 활용 능력과 컴퓨팅 사고력, 협력적 문제해결력을 활용할 수 있도록 교육한다.

정부가 소프트웨어 중심사회를 위한 인재양성을 위하여 제시한 초등학교에서부터 고등학교로 연계되는 소프트웨어 교육은 창의적 아이디어를 소프트웨어로 구현할 수 있는 문제해결력을 갖춘 미래형 창의 인재를 양성하는 것을 목표로 한다. 초등학교에서, 중학교를 거쳐 고등학교로 이어지는 소프트웨어 교육 과정을 정리하면 다음 도식과 같다.

초등학교
실과 내 SW 기초교육 실시
(17시간 이상)
• 프로그래밍 체험
• 정보윤리의식 함양
• 문제해결과정
• 알고리즘

중학교
정보 과목 34시간 이상
(필수교과)
• 컴퓨팅사고 기반
문제해결 실시
• 간단한 알고리즘,
프로그래밍 개발

고등학교
정보 과목
(일반 선택 과목)
• 다양한 분야와
융합하여 알고리즘 및
프로그램 설계

✎코딩을 경험하는 것에서 그치지 않고 소프트웨어에 관심을 가지고 자신의 전공으로 선택하고자 하는 고등학생들은 소프트웨어 특기자 전형으로 대학에 진학하는 것을 고려할 만하다. 2018학년도부터 도입된 소프트웨어 특기자 전형은 2019학년도에는 총 19개 대학으로 확대되었고, 선발 인원도 615명으로 증원되었다. 그러나 단순히 프로그래밍 명령어를 많이 외워서 코딩을 잘하는 것이라면, 전공으로 선택하는 것을 신중히 생각해야 한다. 코딩을 구성하는 명령어를 아는 것을 넘어서 근본적인 알고리즘을 이해하고, 창의력과 논리력을 융합하여 문제해결을 할 수 있는 사고력이 소프트웨어의 기본이기 때문이다. 코딩을 경험하면서 컴퓨팅 사고력 함양을 이루고 창의력과 도전 정신을 키우는 인재는 우리나라의 미래일 것이다.

한 권으로 시작하는 소프트웨어

코딩의 영역은 어디까지인가?

**# 알파고 # 자율주행 자동차 # 드론 # AI
3D 프린팅 # 안면 인식 # 미래의 직업세계**

소프트웨어 교육이 의무화되고, 앞다투어 코딩 경험을 중요시 여기는 현재, 과연 코딩의 영역은 어디까지일까? 소프트웨어 중심사회인 지금 우리가 사는 이 시대는 사실상 우리 삶의 모든 영역이 코딩의 영역이라 해도 과언이 아니다. 여기서 몇 가지 주목받는 코딩의 영역에 대하여 이야기해 보기로 하자.

알파고

구글이 인수한 딥마인드(DeepMind) 사의 인공지능(AI) 바둑 프로그램 '알파고'는 한국과 중국, 일본의 바둑 랭킹 1위 기사들을 모두 무릎 꿇게 했다. 계속 진화하고 있는 알파고는 평균 대국 수준인

250~300수에 훨씬 못 미치는 170수 내외에서 대부분의 상대들을 이겼다.

　여기서 궁금한 것은 영국 회사인 딥마인드가 왜 체스가 아니라 하필 바둑에 관심을 두고 알파고를 개발하였는가 하는 점이다. 체스나 바둑은 모두 사고력과 전략을 요구하는 게임이다. 서로 다른 점은 체스는 게임이 진행되는 동안 대상이 점점 없어지는, 즉 유에서 무를 향해 가는 게임이라는 점이다. 반면 바둑은 아무것도 없던 바둑판에 바둑알이 점점 늘어나면서 무에서 유를 만들어 가는 게임이다. 즉 체스는 게임이 진행되면서 해결 대상이 줄어들고, 바둑은 진행되면 될수록 문제해결 범위가 확대된다.

그러나 핵심은 바둑은 인간의 직관적 예측이 요구되는 게임이라는 것이다. 지극히 주관적 판단으로 그 다음 단계를 예측하는 것이다. 알파고가 이세돌 프로 바둑기사와의 대국에서 패배한 이유는 연산으로 예측할 수 없는 수를 두었기에 대응하기 힘들었다는 후문이다. 이후 알파고는 한층 진화하여 이제는 어떠한 경우라도 연산을 통해 다음 수에 대응할 수 있게 되었다고 한다.

　　여기서 주목할 내용은 직관적 예측이 요구되는 인간의 고유 영역을 코딩이 침범한 것이다. 인간이 계산을 하면 일평생을 걸려서도 끝낼 수 없는 내용을 알파고는 코딩을 통하여 소프트웨어적으로 처리하여 그 다음 수를 대응할 수 있다. 알파고가 확장하여 가는 과정의 일부만 표현하는 다음의 그림을 검토해보자.

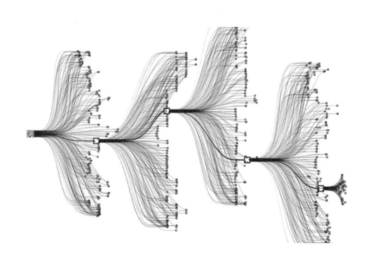

상대가 바둑돌을 놓은 위치에서 가능한 모든 경우를 계산하여 자신이 이길 승산이 가장 높은 곳에 바둑돌을 놓아서 게임을 이끌어 가는 것이다. 인간은 모든 경우의 수를 전부 계산할 수 없다는 한계가 있으므로 인간이 알파고를 이길 확률은 거의 없다고 봐야 한다. ✎ 이것이 바로 소프트웨어의 힘이다. 인간은 생각하고 연산할 수 있는 한계가 분명히 있다. 그러나 컴퓨터는 연산이 가능한 하드웨어를 확장하면 어마어마한 연산을 순식간에 해낼 수 있다. 인간의 고유 영역마저 소프트웨어에게 빼앗기고 있는 현 시점에서 미래 사회를 대비하지 않는다면 인간으로서 이 사회에서 기여할 수 있는 부분이 점점 줄어들 것이다.

자율주행 자동차

인간이 가지고 있는 물건 중에 가장 비효율적인 것이 바로 자동차일 것이다. 몇 억씩 하는 비싼 자동차들도 대부분의 시간은 주차장에 세워 놓기 때문이다. 그나마 사용하는 동안에도 교통사고의 위험에 노출되어 있기 때문에 사용 시간 대비 위험도가 매우 높은 물건이라 할 수 있다. 그리고 운전자가 운전을 하는 동안에는 다른 일을 할 수 없다는 제약이 있다. 이러한 자동차에 대규모 지각 변동이 일어나고 있다. 자율주행 자동차가 자동차 업계에 큰 변화를 불러오는 것이다.

자율주행 자동차는 운전자의 개입 없이 주변 환경을 스스로 인

식하고 주행 상황을 판단하여 목적지까지 주행하는 자동차를 의미한다. 자율주행 자동차는 다양한 개념의 이름이 있다. 우선 '사람이 운전을 하지 않는 자동차'라고 하고, '무인자동차'라고도 하며, 스스로 똑똑하게 운전하므로 '스마트 카'라고도 하고, 차량들끼리 서로 연락하며 교통 상황을 파악하므로 '커넥티드 카'라고도 한다. 그러나 정확하게 무인자동차는 운전자 없이 소프트웨어의 제어에 의존하여 주행하는 자동차이므로 운전자는 탑승하였으나 운전자의 개입 없이 스스로 주행하는 자율주행 자동차와는 구별된다. 자율주행 자동차가 운전자의 개입을 배제 또는 최소화할 수 있는 것은 스마트 장비와 통신 시스템을 사용하여 소프트웨어가 제어하며 운행하기 때문이다.

스마트 카는 자동차와 IT 기술의 융합에 해당하는 자동차로 GPS를 통하여 자동차의 현 위치를 파악하고, 다양한 센서들을 적용하여 장애물의 신호를 처리하여 운전을 제어하며 운전자를 도와주는 개념에 해당한다. 운전자가 운전을 하고 있으나 소프트웨어적으로 스마트하게 위기 상황에 도움을 제공하는 자동차의 개념에 해당하는 것이다. 마지막으로 커넥티드 카는 모든 것이 연결된 자동차를 뜻한다.

커넥티드 카는 가장 큰 웨어러블 디바이스에 해당한다. 쉽게 '타고 다닐 수 있는 스마트폰'이라고 이해하면 된다. 자동차에 ICT 기술을 융합하여 인터넷을 활용하여 차량 내부의 모든 장비와 주변 장치들 및 인터넷 세상 모두가 서로 연결되는 시스템이다. 운전과 관련해

한 권으로 시작하는 소프트웨어

서는 자동 충돌 알림, 과속 및 안전 경보 알림 등 다양한 혜택을 소프트웨어적으로 제공 받을 수 있는 것은 기본이기 때문에 자율주행 자동차보다 더 큰 개념의 자동차라고 이해하면 된다. 예를 들어 커넥티드 카의 경우 운전자의 심리나 건강 상태를 감지하다가 비상 사태가 발생하는 경우 가까운 병원으로 가는 것을 통보하고 자동차가 비상등을 켜고 운전하여 병원으로 운전자를 신속하게 이송할 수 있다. 자동차와 병원이 소프트웨어적으로 연결되어 있기에 가능하다.

✎ 자율주행 자동차는 인공지능 및 사물인터넷(IoT) 기술에 적용되는 다양한 센서, 그리고 인터넷 기술의 발달 등의 종합적 융합으로 인하여 탄생한 기술이다. 자율주행 자동차의 다양한 기술은 4차 산업혁명 시대의 핵심 기술에 해당한다. 동시에 많은 사람들이 매일 사용하는 자동차의 기술이기 때문에 폭넓게 관심을 받는 분야이다. 인간의 삶에 많은 변화를 가져와 파급력이 강한 소프트웨어 기술에 해당할 수 있다. 소프트웨어로 인하여 변화를 가져올 획기적인 분야 중 하나에 해당하는 것이 분명하다.

드론

2018 평창 동계 올림픽 개막식에서 보여준 1,218대의 드론 쇼는 말 그대로 장관이었다.

무인 비행기에 해당하는 드론은 카메라, 센서, 통신시스템 등이

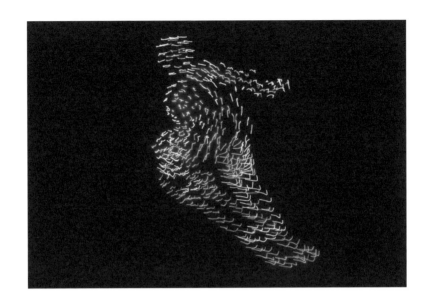

탑재되어 다양하게 사용되고 있으며, 활용 분야 또한 농업용, 산림용, 건설용, 물류용, 군사용 등 폭넓은 분야에서 활용되고 있다. 드론을 조정하는 것과 드론의 각 기능에 맞게 특정 작업을 처리하는 것 모두가 소프트웨어가 있기에 가능한 기술이다.

농업용 드론은 앞으로 선택이 아닌 필수가 될 것이다. 농촌 인구의 고령화가 급속히 나타나는 상황에서 넓은 농경지를 고령의 농부가 일일이 다니며 농사를 짓는 것은 사실상 불가능해질 것이다. 그러나 드론이 있으면, 드론이 돌아다니며 농작물의 상태를 촬영하여 농부가 필요한 조치를 취할 수 있도록 도울 수 있다. 또한 촬영된 이

한 권으로 시작하는 소프트웨어

미지를 분석하여 수확량을 예측할 수 있고, 때에 따라 필요한 살충제를 살포할 수 있다. 또한 농업은 더 이상 낙후된 산업이 아니라 IT업계의 선두 주자인 구글이 참여하는 최신 분야가 되었다.

구글은 미래 농업 혁신을 꾀하며 인공지능 기술로 신개념 식량 개발을 주도하고, 빅데이터를 활용한 농업 플랫폼을 구축하였다. 전통적인 농업 방식이 아닌 IT와 접목된 새로운 접근이 가능하였기에 일어난 현상이다. 드론을 활용하여 농작물의 상태를 지속적으로 관찰할 수 있기 때문에 농작물 생산에 영향을 미치는 다양한 요소들을 분석하여 사전에 위기를 예측하고 대책을 마련하여 피해를 최소화할 수 있다. 또한 다른 농장의 농산물 공급량을 파악하여 생산량을

조절하며, 과잉 생산으로 인한 가격 폭락을 막을 수 있기에 성공할 수밖에 없는 사업 모델로 자리매김하고 있다. 구글은 인공지능 기술과 드론을 활용하여 미래 농업과 인류 식량 생산에 기여하고 이익을 창출하고자 도모하고 있다.

산림용 드론은 산림 관리원이 관리할 수 없는 영역까지 모두 다니며 산림을 관찰하여 상태를 지속적으로 관리하는 목적으로 사용된다. 특히 산불이 잦은 계절에는 드론을 통하여 화재 진원지를 조기에 파악하여 산불 피해를 최소화할 수 있다. 나무에 발생되는 병해충을 발견하여 방재 작업을 진행함으로써 산림을 최상의 상태로

보존할 수 있다. 또한 등산객들에게 발생될 수 있는 안전 진단을 실시하여 국민의 안전을 유지할 수 있으며, 무단 입산을 관리하는 일도 담당할 수 있다. 접근이나 감시가 힘든 지역은 드론이 유일한 해결책이다.

건설용 드론은 사람이 접근하기 어려운 부분의 구조물 상태를 확인하고 점검하는 용도로 사용될 수 있고, 건설 현장에서 공정 촬영 및 안전관리에 활용된다. 우리나라 건설회사에서 이미 드론을 건설공사 현장에 도입하여 웹 카메라가 장착된 드론이 건설 현장을 동영상으로 촬영하여 건설 현장의 안전정보를 수집하는 데 사용하고 있다. 건설 현장 담당자가 직접 확인하기 어려운 곳까지 모두 살펴볼 수 있다는 장점이 있기 때문에 철저한 관리와 감독이 필요한 건설 현장에서 필수적이다. 건설 작업이 완성된 이후에도 구조물의 품질관리에 활용될 수 있기에 건설 분야에서 드론 활용은 안전을 위한 큰 역할을 담당한다.

물류용 드론은 아마도 우리 일상생활과 가장 밀접한 서비스 영역에 해당할 것이다. 미국의 아마존닷컴(Amazon.com)이 드론을 이용하여 고객이 주문한 물품을 30분 이내로 배송한다는 내용을 발표한 이후, 드론을 이용한 다양한 배송서비스를 세계 각국에서 시도하고 있다. 도로망이 제대로 이루어지지 않은 지역이나 산간 지역들에 원활한 배송 서비스, 또는 도심지에 정확하고 신속한 운송에 드론이 활용된다. 교통체증을 걱정할 필요 없는 항공 배달이 가능하며, 배달원과 마주할 일이 없기 때문에 배달원을 가장한 사고도 근절할 수 있다. 섬에 사는 급한 환자에게 약을 전달하는 상황 등은 드론의 필요성을 강조할 수 있는 경우에 해당한다. 그러나 우리나라는 비행금지 구역이 많아서 아직 활성화되기에는 해결해야 할 여러 가지 문제들이 있는 상황이다.

한 권으로 시작하는 소프트웨어

군사용 드론은 세계 드론 시장의 80퍼센트를 점유하고 있을 만큼 가장 많이 사용되고 있다. 정찰용 목적으로 사용되는 무인 정찰기부터 공격용 무기까지 폭넓게 사용되고 있다. 미국은 지상군이 직접 투입하지 않고도 적을 공격할 수 있는 살상 무기로 세계 주요 분쟁 지역에서 드론을 사용하고 있다. 미군이 드론을 가장 많이 활용한 파키스탄에서는 드론 공습으로 1,500명 이상의 사상자가 발생했다. 그러나 드론 공습은 지상군과 다르게 민간인과 적군을 구분할 수 없기 때문에 민간인 사망자 발생으로 논란이 되고 있다.

이외에 드론의 활용 범위는 에너지, 재난구조, 교통 관측, 과학 연구, 환경오염 제거, 방범, 촬영, 취재, 취미 등 다양하다. 드론은 가히 첨단 기술의 집약체라고 할 수 있다.

AI 기자

언론사 기자도 이제는 인공지능에게 그 자리를 빼앗길 우려가 있는 상황이다. 세계 최대 인터넷 검색 서비스 기업인 구글이 수만 건의 기사를 자동으로 생산하는 인공지능 로봇기자 시스템을 위하여 많은 돈을 사용하고 있다. '기술과 혁신을 통해 고품질 저널리즘 지원'을 목표로 하여 한 달에 최대 3만 건 이상의 지역뉴스를 생산하는 인공지능(AI) 기자를 활용하는 것이다.

2017년 중국 쓰촨 성 인근에서 발생한 규모 7.0 지진에 대한 속보는 일반 기자가 아닌 AI 기자가 가장 먼저 전했다. 물론 일반 기자가 작성한 내용의 기사도 있었으나, AI 기자가 작성한 기사는 지진

한 권으로 시작하는 소프트웨어

발생 후 19분 만에 자동으로 기사를 쓰기 시작해 25초 만에 기사를 완성하고 5분의 검수 과정을 거친 후 속보로 전해졌다. 25분 안에 지진 발생 지역의 상세한 정보 및 상황 등을 전할 수 있는 것은 인간으로서는 불가능에 가깝다.

AI 기자는 지진 발생 뉴스뿐 아니라 스포츠 경기 결과, 사고 현장 상황, 주식 거래 현황 등 간단한 정보의 속보 전달 능력 측면에서 이미 인간 기자를 능가하고 있다. 그러나 심층 취재 같은 기사는 AI 기자가 담당할 수 없는 영역이다. AI 기자는 인간이 직접 접근하여 취재하기 힘든 사고 현장에서의 사실 기반 기사만 담당하고 있다. 그러나 AI 기자는 자신이 습득한 정보에 근거하여 기사를 작성하기 때문에 누군가 의도적으로 잘못된 정보를 습득하도록 유도한다면 가짜 뉴스가 생산될 수밖에 없으며 이에 유의해야 한다. 따라서 아이러니하게 AI 기자가 담당해야 할 주요 역할 중 하나가 가짜 뉴스를 선별하는 것인데, AI 기자가 가짜 뉴스를 작성할 수도 있다. 인간과 AI가 협업하여 사람들에게 신속하고 정확하게 기사를 전하는 시대가 곧 다가오리라 예상된다.

AI 변호사

변호사마저 인공지능이 대체하는 시대가 도래하였다. 엄청난 양의 판례 및 법조문은 인간보다 AI가 훨씬 빠르고 정확하게 분석하고 정

리할 수 있다. 이미 2018년 2월 AI 변호사 유렉스가 국내 대형 법무 법인에 취직했다. 유렉스는 변호사와 법률 조사단 여러 명이 수일에 서 몇 달씩 걸려 조사하던 관련 법 조항 검토와 판례 분석 등 사전 조사 업무를 30초 이내에 처리하는 엄청난 작업 능력을 발휘하며 효 율성을 검증받았다. AI 변호사는 2016년 5월 미국의 ROSS로부터 시작되었다.

2016년에 발간된 '유엔 미래보고서 2045'에는 2036년 영국 법 률 시장의 39퍼센트가 사라질 것이며, 2046년에는 변호사를 AI로 대체될 위험성이 큰 직업으로 분류하였다. 소프트웨어 중심사회에서 소프트웨어의 범위가 우리 삶의 저변에 깔려, 우리의 편리와 안전을 보장하는 것을 뛰어넘어 인간의 직업 세계를 위협하는 존재로 성장

한 권으로 시작하는 소프트웨어

할 수 있다는 것을 시사한다. AI 변호사는 초당 1억 장의 판례를 검토할 수 있다. 이것은 인간으로서는 도저히 할 수 없는 능력이다. 그러나 AI 변호사가 인간 변호사를 모두 사라지게 할지 여전히 의문이다. AI가 담당할 수 없는 논쟁적인 사항과 윤리적 판단은 인간이 수행해야 할 영역이며, 설득, 공감, 직관 등은 인간의 역량이 인공지능보다 훨씬 뛰어나기 때문이다. 그러나 확실한 것은 소프트웨어의 적용 영역에는 제한이 없으며, 이러한 변화를 인식하고 준비하지 않는다면 가까운 미래에 자신의 존재감이 사라질 수 있다는 것이다.

AI 의사

인간을 대체할 수 없을 것 같던 의료 분야도 인공지능 기술이 활용되고 있다. 우리나라에서도 2017년 IBM 사의 인공지능 왓슨(Watson)을 도입하여 암 진단 및 치료용으로 AI 의사를 활용하고 있다. 왓슨은 환자의 상태에 관한 모든 정보와 암 진행 정도에 관한 정보를 컴퓨터를 통하여 관리하면서 치료법을 제시할 뿐만 아니라 각 치료법에 대한 근거 자료 및 선택 치료 시 생존율 그리고 약물 복용 시 부작용도 환자에게 제공할 수 있다. 왓슨의 암 진단이 인간 의사보다 강할 수 있는 것은 전 세계적으로 발표되는 방대한 양의 암 관련 논문을 실시간으로 수집 및 분석하여 진단에 활용할 수 있기 때문이다. 그러나 왓슨은 현재 진단용으로 활용하며, 왓슨이 제공하는 진단

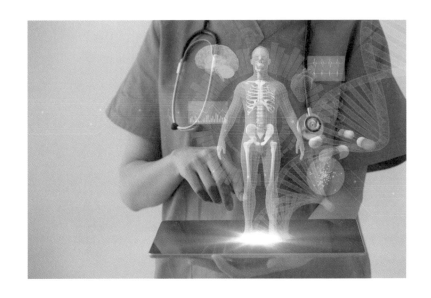

근거에 따라 인간 의사가 항암 치료를 선택적으로 실시하며 협업으로 환자의 치료를 담당하고 있다. 특이한 점은 2018년 미국의 'SAS 글로벌 포럼 2018'에서 진행한 AI 관련 설문조사에서 AI를 활용하는 영역 중 가장 긍정적으로 보고 있는 분야가 헬스케어로 나타났다. 응답자의 60퍼센트가 의사가 AI를 활용해 의료 정보를 분석하고 치료법을 제공하는 것을 긍정적으로 받아들이고 있다고 밝혔다. 즉, 의사가 자신이 알고 있는 진단법이나 치료법만을 강요하는 것이 아니라 AI 의사와 협업하여 환자를 돌볼 수 있어야 하는 것이다.

주식 전문가

대부분의 사람들은 재산을 늘리고 싶어 하며, 주식 투자를 통하여 그 꿈을 이루려고 한다. 그러나 인간은 감정에 치우쳐서 냉정함을 잃고 투자할 수 있으며, 그 결과는 당연히 의도치 않은 손실로 나타날 것이다. 그러나 AI로 학습시킨 투자 프로그램이 주식 투자에 참여했을 때 높은 수익률이 나오는 결과가 있었다. 인간에 비해 이성적이고 감정이 배제된 로봇이 데이터 분석만을 기반으로 투자를 추천하는 전문가 역할을 담당하는 것이다.

그러나 이런 상황에서 만약 손실이 발생하게 된다면, 이는 로봇 전문가의 의견을 따라 투자한 인간의 잘못일까 아니면 분석을 잘못

한 로봇의 잘못일까? 만약 로봇 주식 전문가가 활성화되어 많은 투자자들이 로봇에게 자문을 구한다면, 금융업계 전반의 일자리에 혼란이 발생되지 않을까? 소프트웨어에 의하여 구동되는 로봇과 인간이 함께 공존하기 위해서는 대비책이 필요하다. 우선 인간이 준비해야 할 첫 단계는 소프트웨어를 제대로 이해하는 것이다.

생명공학자

생명공학 분야에서는 소프트웨어가 인간의 영역을 대신하는 것이 아니라 소프트웨어의 도움이 절대적으로 필요하다. 생명공학은 유전자 DNA를 분석하여 유전·번식·성장·자기제어 및 물질대사 등의 기능과 정보를 통하여 인류에게 필요한 물질과 서비스를 가공·

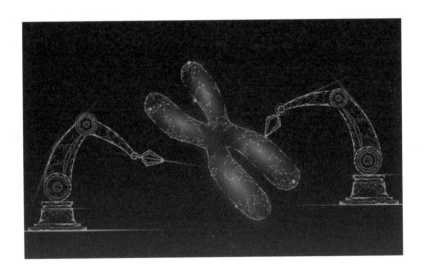

한 권으로 시작하는 소프트웨어

생산하는 학문 분야이다. 그러나 DNA 염기서열 정보는 방대한 양의 정보로 표현되기 때문에 인간이 손으로 분석하거나 해독할 수 없다. 소프트웨어로 빅데이터를 분석하여 모델링 및 시뮬레이션 처리를 해야 연구가 가능한 분야이다. 즉, 생명과학 분야에서 데이터 분석과 모델링을 위하여서는 소프트웨어가 필수적이다.

교육자

교육 현장에서 컴퓨터 환경은 보편적으로 사용되고 있다. 정보통신 기술을 학습 현장에 적용하는 이러닝(e-learning: electronic Learning)으로 시작하여, 모바일 기기를 활용한 학습을 지원하는 모바일 학습(m-learning), 유비쿼터스 컴퓨팅 기술을 적용하여 PC가 없어도 언제 어디서나 학습이 가능한 유비쿼터스 학습(u-learning), 개인화된 기기와 클라우드 컴퓨팅 기반으로 자기주도 학습을 지원하며 상호작용 환경의 스마트러닝(smart learning)까지 계속 변화하며 발전하고 있다.

미래학자들은 소프트웨어와 발전된 IT 기술과 더불어 직업세계의 변화가 가까운 미래에 교육 환경을 크게 변화시킬 것이라고 예측하고 있다. 다양한 IT 기술의 경험을 통하여 비판적 사고, 창의력 개발, 협업과 문제해결을 지원할 수 있을 것이며, 개별 맞춤학습을 가능하게 하고, 가상현실, 증강현실 등의 활용과 함께 게임을 통한 학습으로 학습자의 참여와 집중력을 높일 수 있을 것이다. 소프트웨어

로 학생들의 학습 패턴과 학습 수준 정도가 분석되어 맞춤형 교육이 가능하여 개인별 교육 수준 및 만족도는 향상될 것으로 예상된다. 또한 미국 하버드대학에 다니지 않아도 하버드의 수준 높은 강의를 들을 수 있는 것도 모두 다 소프트웨어 중심사회에 살기 때문에 가능한 일이다.

이제 교육의 기회는 배우고자 하는 마음만 있다면 얼마든지 열려 있다. 단 조건은 컴퓨터 사용에 거부감이 없어야 하며, 소프트웨어가 제공하는 교육 서비스에 도전 정신을 가지고 응해야 한다. 그

한 권으로 시작하는 소프트웨어

렇다면 학습의 기회는 모두에게 무한대로 열릴 것이다.

3D 프린팅

각자의 개성이 강해지는 현대 사회에서 사람들은 획일적인 제품이 아닌 자신이 처한 환경, 필요, 취향에 따라 제품을 선호하게 되었다. 이러한 맞춤형 제품들을 생산할 수 있는 스마트 팩토리(smart factory)가 있기 때문에 변화가 가능하다. 스마트 팩토리는 3D 프린팅 기술로 실현이 가능하다.

3D 프린팅 기술은 무엇이든지 만들어 낼 수 있다. 폭스바겐 사는 3D 프린팅 기술을 활용하여 부품을 제작하여 제작 시간과 비용을 줄이는 효과를 이루었다. 심지어 자동차 차체도 3D 프린팅 기술로 생산이 가능하다. 다음의 사진은 미국의 로컬 모터스(Local Motors) 사가 생산한 세계 최초의 3D 프린터로 만들어낸 자동차이다.

3D 프린팅 기술의 정밀도가 개선되면서 의료 분야 활용도 가능해졌다. 치과에서 임플란트 제작을 3D 프린팅으로 할 수 있으며, 혈관이나 뼈, 조직 등 인체 기관도 3D 바이오 프린팅으로 제작에 성공하였다. 소프트웨어의 기술로 이제 생산업의 산업 구조뿐만 아니라 다양한 분야에 변화가 올 수 있음을 예측할 수 있다. 자신이 가지고 있는 창의적 생각을 기반으로 원하는 물건을 누구나 출력할 수 있는 3D 프린팅! 참으로 매력적인 기술에 틀림없다.

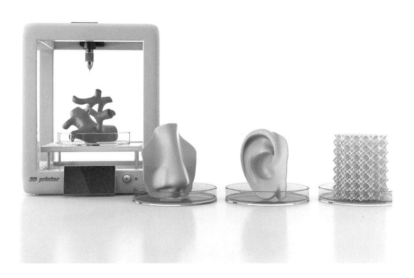

한 권으로 시작하는 소프트웨어

안면 인식

인공지능과 3D 기술의 발달로 인하여 안면 인식 수준이 놀랍도록 개선되고 있다. 얼굴 구조를 분석하는 안면 인식에서 더 나아가 움직이는 행동 분석까지 가능한 기술이 개발되었다. 이러한 기술은 실종자 수색에도 활용이 가능하며, CCTV로 수집된 자료에서 행동을 분석하여 실종자를 빠른 시간에 찾을 수 있다.

안면 인식의 활용은 어렸을 때 실종된 아동의 경우, 실종 당시의 사진만 존재하여 성인이 된 모습의 사진이 없으므로 사실상 사진을 이용하여 실종 아동을 찾기가 힘들다. 이러한 경우 얼굴의 특징을 소프트웨어로 추출하여 성장한 모습을 시뮬레이션하여 어른의

Real Image
21 months   11 - 14 years   17 - 20 years   20 - 22 years

모습을 유추할 수 있다. 실종된 아동이 성인으로 성장된 사진을 사용하는 경우 실종자를 찾을 수 있는 확률은 높아질 수 있으며, 실종자 가족들에게 희망의 끈을 놓지 않게 해 줄 수 있다. 소프트웨어가 국민의 안전을 보호 하는 분야에서 적용되는 사례라고 볼 수 있다.

직업세계

위에서 언급된 코딩 영역 부분은 대표적인 몇 가지 사례이다. 이외에 모든 전반적인 분야에서 소프트웨어는 변화를 가져올 것이다. 4차 산업혁명은 모든 산업 분야에 소프트웨어가 융합되는 현상이다. 인구절벽 시대에 돌입하는 대한민국은 곧 직업 활동이 가능한 연령층은 모두 직업을 가지고 있어야 할 것이다. 직업의 현장에서 소프트웨어를 활용하여 원하는 일을 할 것인지, 소프트웨어 융복합 시대에 대처하지 못하고 원하는 일과 거리가 먼 희망 없는 일은 하며 매일매일을 보낼 것인지, 그것은 지금 어떻게 준비하느냐에 달려 있다.

한 권으로 시작하는 소프트웨어

소프트웨어랑 관계 없을 것이라고 생각되는 농사를 짓고자 계획하고 있더라도 이제는 스마트팜(smart farm)의 시대가 도래하기 때문에 소프트웨어를 이해해야 한다. 이것이 현실이다. 먼 미래의 일이 아니고 모든 경제 활동과 관련된 직업군에서 소프트웨어가 큰 영향력을 행사하고 있다. 소프트웨어 세계와 손잡고 미래를 준비하라! 그 길만이 미래의 주인공이 될 수 있는 길이다.

코딩과 친구 되어
미래의 주인공이 되자!

코딩을 배운다는 것은 문제해결을 위한 논리를 이해하는 것이고, 결국 우리가 살아가고 있는 세상, 즉 소프트웨어 중심사회를 이해하는 방법을 깨닫는 것에 이르는 것을 의미한다. 이 말은 우리가 사는 세상을 이해하기 위해서는 반드시 소프트웨어를 이해해야 하며, 소프트웨어를 이해하려면 논리적 문제해결을 이해하고 또한 코딩을 통하여 이러한 문제해결을 학습해야 하는 것이다. ✎ 결과적으로 세상과 소통하기 위해서는 코딩의 이해가 필수적이다.

지금 이 책을 읽고 있다면, 이제 행동할 때다. 이 책을 덮고 당장 컴퓨터 앞에 앉아서 코딩에 도전하라! 그러면 다가올 미래의 주인공은 바로 여러분 자신이 될 것이다.

\# 미래의 주인공은 바로 나

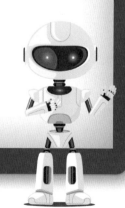

한 권으로 시작하는 소프트웨어

모두를 위한 소프트웨어 입문서

한 권으로 시작하는 소프트웨어

1판 1쇄 인쇄 2019년 4월 1일
1판 1쇄 발행 2019년 4월 9일

지은이 | 한옥영
펴낸이 | 신동렬
책임편집 | 구남희
외주디자인 | 장주원
삽화 | 심심거리프레스
편집 | 현상철·신철호
마케팅 | 박정수·김지현

펴낸곳 | 성균관대학교 출판부
등록 | 1975년 5월 21일 제1975-9호
주소 | 03063 서울특별시 종로구 성균관로 25-2
전화 | 02)760-1253~4
팩스 | 02)760-7452
홈페이지 | http://press.skku.edu